KB120293

소/통/의

유
머
   리
   더
   십

소/통/의
유머 리더십

초판 1쇄 발행 2014년 8월 1일
2쇄 발행 2019년 5월 1일

지은이 **장광팔·안지현·이준헌** · 발행인 **권선복** · 편집주간 **김정웅** · 편집 **신지은** · 디자인 **박연주·최새롬** · 전자책 **신미경** · 마케팅 서선교 · 발행처 **도서출판 행복에너지** · 출판등록 **제315-2011-000035호** · 주소 **(157-010) 서울특별시 강서구 화곡로 232** · 대표전화 **0505-613-6133** · 팩스 **0303-0799-1560** · 홈페이지 **www.happybook.or.kr** · 이메일 **ksbdata@daum.net**

값 15,000원
ISBN 979-11-5602-062-2 13190

Copyright ⓒ 장광팔·안지현·이준헌, 2014

* 이 책은 저작권법에 따라 보호받는 저작물이므로 무단전재와 무단복제를 금지하며, 이 책의 내용을 전부 또는 일부를 이용하시려면 반드시 저작권자와 〈도서출판 행복에너지〉의 서면 동의를 받아야 합니다.
* 잘못된 책은 구입하신 곳에서 바꾸어 드립니다.

도서출판 행복에너지는 독자 여러분의 아이디어와 원고 투고를 기다립니다. 책으로 만들기를 원하는 콘텐츠가 있으신 분은 이메일이나 홈페이지를 통해 간단한 기획서와 기획의도, 연락처 등을 보내주십시오. 행복에너지의 문은 언제나 활짝 열려 있습니다.

Humor Leadership In Communication

# 소/통/의
# 유머 리더십

청와대에 유머담당관을 許하라

장광팔 · 안지현 · 이준헌 지음

도서
출판 행복에너지

## 소통지수를 높이는 유머 리더십

21세기 들어 우리 사회는 어디를 가나 소통의 필요성을 강조합니다. 심지어 청와대에까지. 그러나 아이러니하게도 조직이나 개인들 사이나 어디를 가도 소통이 잘 안 된다고 걱정입니다. 실제로 국가와 조직은 물론, 많은 사람들이 불통으로 인해 심한 갈등과 스트레스에 노출되어 있습니다.

대한민국 정치 어떻게 생각하시는지요?
한마디로 대한민국의 정치에는 여유가 없습니다. 그 가장 큰 이유 중의 하나가 대한민국 정치인에게는 유머가 부족하다는 점입니다. 청와대에 대한 불통의 지적 중 상당 부분은 대통령의 유머로 풀 수 있습니다. 그래서 『京城에 딴스홀을 許하라』라는 예전 사설을 패러디해서, 『청와대에 유머담당관을 許하라』라는 부제副題를 달았습니다.

대한민국 국민들은 유머 넘치는 대한민국 대통령을 갈망하고 있습니다.

박근혜 대통령의 영국 방문 시 빗속에 차에서 내리다 넘어질 뻔 했을 때 "드라마틱한 입장이네요."라는 말로 당황스러운 상황을 유머로서 반전시키며 웃음을 주었고, 그날 저녁 만찬 후 퇴장 시에는 "갈 때는 조용히 갈게요."라는 말로 입장할 때 넘어진 일을 대비시켜 유머감각을 발휘하였습니다. 이것이 필자가 바라는 유머 사용의 긍정적인 사례인 것입니다.

이 책에서는 막힌 소통에 길을 내고, 쌓인 스트레스의 무게를 가볍게 할 수 있는 방법의 하나로 유머를 제시하고 있습니다. 감성적인 유머 리더십은 불신으로 꽉 막힌 불통의 물꼬를 트는 '티핑 포인트'(미미했던 흐름이 극적인 변화로 바뀌는 지점)가 됩니다.

공편자(안지현)의 경우에도 평소에 대학 선배로서 존경하고 따르던 만담가 장광팔(본명: 장광혁) 선배의 삶에서 어떤 상황에서든 유머와 재치로서 소통하고 스트레스를 날려버리는 모습을 지켜보면서, '저분이야말로 생활이 유머이고 만담이고, 소통의 달인이구나.' 하고 감탄한 적이 한두 번이 아니었습니다. 그러한 영향들로 인해 자연스럽게 만담과 유머에 관심을 갖게 되어, 함께 방송에 출연하는 등 다양하고 소중한 경험을 갖게 되었습니다.

그뿐 아니라 이러한 일들이 계기가 되어 박사과정을 밟는 동안 유머 리더십과 펀경영에 관심을 갖게 되었고, 전공인 경영학 이외에 연관 학문인 심리학과 생리학, 인문학 등에 대한 연구에도 접근하게 되었습니다. 그리고 리더의 유머스타일이 어떻게 조직성과에 영향을 미치는지를 연구한 박사논문을 내놓게 되었습니다.

이처럼 유머의 힘이 한 개인에게 얼마나 크게 영향을 미치며 작용했는지 공편자(안지현)만 보더라도 상상이 갈 것입니다.

한편, 제5장 '뻔한 축제 vs fun한 축제' 파트는 대학에서 축제에 대하여 가르치는 이준헌이 공편자로 참여하였습니다.

자, 그러면 이제부터 대한민국이 유머공화국이 되길 바라며, 유머리더가 되기 위한 실제 사례로서, 철학이 있는 유머로 20초 만에 상대방을 사로잡는 소통의 달인 장광혁, 아니 만담가 장광팔의 유머의 세계로 여러분을 초대합니다.

목차

**프롤로그**
소통지수를 높이는 유머 리더십 | 05

## PART 6   스트레스와 유머

## PART 7   유머소통

**에필로그**

**추천사**

# 유머 리더십

Humor Leadership In Communication

요즘의 대한민국처럼 양극화로 갈등이 심한 적도 드물었던 것 같습니다. 온 나라가 1년 내내 시끄럽습니다. 이러한 때일수록 소통을 위한 진정성 있는 대화가 절실하며, 이때야말로 리더가 유머 리더십의 발휘를 통해 조직 구성원들에게 용기를 북돋워 주고, 그들과 열린 대화를 하며 신뢰를 이끌어낼 수 있어야 합니다.

　작금처럼 불안하고 어려운 국내외 상황에 봉착해 있을 때, 리더의 긍정적인 유머가 절실히 필요합니다. 조직 구성원들에게 공감을 불러일으키는 웃음을 주고, 상처 난 마음들을 효과적으로 터치해 줌으로써 소통을 통해 거기에 조직의 문제점을 해결할 수 있는 방책을 찾을 수 있습니다.

유머 리더십은 무엇보다도 조직구성원들의 마음을 살피는 것에서 비롯됩니다. 즉 유머를 통해 마음을 상하게 하는 근원적인 요인을 찾아내어 이해하고 제거하도록 노력하는 것입니다. 조직 내 동료 간 열린 소통을 함으로써 설득과 협상이 자동적으로 이루어지며, 서로의 성장을 응원하고 배려하려는 공감에서 출발할 때 결과적으로 개인의 직무성과나 조직성과는 눈에 보이는 화폐경제로 가치가 환산되어 나타날 것입니다.

이처럼 유머는 리더십에 있어서 매우 중요한 덕목이 되었습니다. 리더의 비전과 목표라는 방향성에 부합하고 조직목표의 성과를 이루는 데 있어서, 유머가 긍정적으로 유의한 영향을 미친다는 것은 연구결과로 증명되었습니다.

문제 해결을 위하여 유머와 웃음을 효과적으로 사용하여 위기 속에서도 조직구성원과 이해관계자들의 마음에 조급함 대신에 여유를 줄때, 리더의 마음에도 여유가 생기고 해결의 실마리를 찾게 될 가능성이 높아집니다.

편경영도 유머 리더십이 없으면 성공할 수 없다고 유머 리더십형 CEO였던 IBM 창설자 톰 왓슨이 갈파한 바 있습니다.

# 눈을 가리는 감투

감투란 머리에 쓰는 옛 의관衣冠의 하나를 뜻하기도 하고, 속칭 벼슬을 의미하기도 합니다.

어떤 연유로 감투가 모자의 뜻과 함께 벼슬의 의미로 쓰이게 되었을까요?

모자는 한번 쓰는 습관이 들면 벗기가 어렵고, 억지로 벗기더라도 허전해서 다시 쓰려고 하는데, 벼슬의 속성과 흡사하기 때문입니다. 권력의 맛을 한번 들이면 마약처럼 끊기가 어려워 좀처럼 귀거래歸去來를 못 하고 여의도 주변 오피스텔을 전전하게 마련이지요.

그런데 문제는 감투가 자기 분수에 딱 들어맞아야 한다는 겁니다. 머리보다 큰 모자를 쓰면 눈을 가려 넘어지고 자빠지고 우스꽝스럽듯이, 자신의 분수에 넘치는 감투를 쓰면 앞이 안 보여 망신을 당하기 십상인 것도, 어쩌면 그렇게 닮았는지요.

큰 감투를 학수고대하며 목을 길게 빼고 전화기 앞에 무릎 꿇고 기도드리는 수많은 집권당 후보자 특보特補 여러분.

평소 자기가 잘하는 일 중에서 자기가 애인처럼 좋아하는 일을 하고 계시다 보면, 행운의 우체부는 두 번 벨을 울릴 겁니다.

## 공직자의 도리

도리道理란 사람이 마땅히 행하여야 할 바른길을 말합니다. 그래서 우리나라 사람들은 아기가 목을 가누기 시작하면 좌뇌와 우뇌의 고른 발달을 위해 머리를 좌우로 흔들게 하면서, 어려서부터 사람의 도리를 잘 지키라는 교훈으로 '도리~도리~도리'를 반복해 외치며 주입시켰던 게지요.

그런데 공직자가 반드시 지켜야 할 도리가 두 가지 있습니다.

첫째 도리는 선공후사先公後私입니다.

공적인 일을 먼저 하고 사적인 일은 뒤로 미룬다는 뜻인데, 이덕목은 바로 뒤에서 '따로국밥'으로 차려드릴게요.

둘째 도리는… 둘째 도리는…

아랫도리올시다.

아랫도리를 못 지키면 특히 공직자의 경우, 국격國格마저 일순一瞬에 무너뜨립니다.

평생 쌓아온 개인의 명예는 말할 것도 없고요.

우선 집에서 가족 얼굴을 어떻게 봅니까.

그런데 왜 제가 '아랫도리를 안 지키면'이라고 안 하고, '아랫도리를 못 지키면'이라고 표현했느냐 하면은요, 남성의 경우, 특히 명정酩酊(정신을 차리지 못할 정도로 술에 취함) 상태에서는 아랫도리가 통제 불능의 상황에 빠지곤 한답니다. 이런 상태에서 특히 포르노그래피pornography에 평소 자주 노출된 남성은 현실과 가상을 구별 못하기 십상十常(十常八九)입니다.

한 선배는 이렇게 큰일 날 소리를 하더군요.
"그건 남자 잘못이 아니라, 조물주 탓이야."

# 03
## 선공후사

선공후사先公後私란 공적인 일公事을 먼저 처리하고 개인적인 일私事은 뒤로 미룬다는 뜻이지요. 그런데 이 말을 이렇게 아전인수我田引水 격으로 해석하는 공직자들이 있어서 가끔 치도곤治道棍을 당하기도 한답니다.

선공후사를 '아무리 국가적으로 중요한 일이 있어도 뒤로 미루고, 공부터 먼저 친다.'

청와대 눈치 보며 공 치는 공직자 계신가요?

그래 가지고 공이 제대로 맞겠어요?

세상에 공 치는 데 대통령 윤허允許 받고 치는 나라가 어디 있어요?

## 04
## 판은 자주 갈아주어야

　고기를 구울 때 불판을 자주 갈아주지 않으면, 탄 고기가 불판에 눌어붙어 발암물질이 발생합니다.
　정치판도 마찬가지입니다. 자주 갈아주지 않으면, 여의도 정치판에 눌어붙어 개혁성 없는 능구렁이 다선 의원만 양성됩니다.

　이치가 그러하니~
　불판과 정치판은 자주 갈아주어야 합니다.

# 05

# 공직자여 매미가 되라

이제는 소설에서나 만날 수 있는 낱말로 술집 작부酌婦를 일컬어 손님 시중을 들어 술을 따르며 노래를 부른다 하여 매미라 속칭했지만, 공직자는 자고로 매미를 본받아야 합니다.

기분 나쁘세요? 모르시는 말씀.

첫째, 매미는 한 달을 살기 위해 알이 부화하기까지 종류에 따라 45일에서 10개월 이상 걸리며, 다시 부화해서 6년째에 성충이 되니 무려 7년을 기다려 매미가 됩니다.

한 달의 공직을 위해 7년을 준비할 각오는 되어 있으신지, 본인이 잘 아실 겁니다.

둘째, 매미는 수액으로 목을 축일 뿐 자기가 살기 위해 남을 잡아먹지 않습니다.

공직자가 돈을 탐하려면 사직을 하고 자신의 지식을 활용해 사업가로 변신하십시오.

셋째, 매미는 자기가 살 집을 장만하지 않습니다.

자그마한(?) 60평 아파트에 사시는 공직자, 출근길에는 소형차

타고 집에서는 사위 명의로 산 외제차 몰고 다니는 공직자는 안 계시겠죠?

넷째, 매미는 7년을 준비해서 한 달간 살며 밤낮을 가리지 않고 목숨을 걸고 내장이 녹도록 할 소리를 다하고, 껍질만 남아 형해 化形骸化된 채 길바닥에 내동댕이쳐져 장렬한 최후를 맞습니다.

특히 청와대 비서실에 근무하고 계신 공직자 여러분! 매미를 닮을 용기는 없으신지요?

그래서 조선시대 왕이나 세자가 시무복視務服인 곤룡포袞龍袍에 쓰던 관冠을 한국민족문화대백과에서 익선관翼善冠이라 한다고 기록하고 있으나, 이는 '翼蟬冠'이라 표기하는 것이 맞기에 필자가 감히 바로잡습니다.

즉, 왕은 모름지기 백성을 위해 매미의 청렴한 정신을 닮으라고 날개 익翼 자에 매미 선蟬 그리고 갓 관冠 자를 써서 익선관이라 칭했던 것이지요.

## 06

# 모기에 안 물리는 법

난방 때문에 요즘 모기는 월동越冬을 하는지 겨울에도 만나요.

어떤 모기는 낯이 익어 쑥스러운지 눈이 마주치면 씩 웃기까지 합니다. 모기에 물리면 안 가려운 곳이 없지만, 손가락 마디, 발가락 마디를 물리면 참을 수 없이 가렵지요.

한여름 열대야에 뒤척이다 막 잠을 청하는데 '앵~' 모기의 공습 경보가 울리면 잠을 설치는 것은 고사하고 비상이 걸립니다.

자, 이럴 때 모기에 안 물리는 방법이 있습니다.

불을 환하게 켜고, 옷을 홀딱 벗고 자는 겁니다.

그러면 모기가 너무 좋아서 "아이고, 이거 어디 물까, 어디 물까?" 하며, 어쩔 줄 모르다가 날이 샌다~ 이겁니다.

'모기' 하면 떠오르는 사자성어가 견문발검見蚊拔劍입니다. "모기를 보고 칼을 빼 든다."

곧 사소한 일에 지나치게 성을 낸다는 말인데요, 왜 이 사자성어를 보면 우리나라 여야의 정쟁이 떠오를까요.

## '자반 뒤집기' 유머 기법

'자반佐飯 뒤집기'란 씨름에서 작은 선수가 덩치 큰 선수와 겨룰 때 땀이 뚝뚝 떨어지는 상대 배 밑으로 기어들어 가 자기 몸을 뒤로 젖히면서 상대를 넘기는, 씨름 기술의 백미白眉이지요.

1984년 미국 대선 TV 토론에서 먼데일 후보는 경쟁자인 레이건 대통령의 고령을 문제 삼아, "대통령의 연세를 어떻게 생각하십니까?"하고 회심會心의 자반 뒤집기를 시도합니다.

"이번 선거에서 나이를 문제 삼지 않겠소."
그러자 먼데일이 (이 노인네 치매인가 하는 표정으로) "그게 무슨 말씀입니까" 하고 묻자,

레이건 왈
"당신이 너무 젊고 경험이 없다는 사실을, 정치적으로 이용하지 않겠다는 말이오."

# 08
## 솔직하지 마세요

살다 보면 어쩔 수 없이 남을 비난해야만 될 때가 있지요.
이럴 때일지라도 솔직하게 말하지 말라는 말씀이에요.


"솔직히 말해서…."
"안 할 말로…."
"내가 이런 말은 하지 않으려 했는데…."
"이런 말을 들으면 당신 기분이 나쁘겠지만…."


"솔직히 말해서"라니! 그래, 상대방 면전에서 속 시원하게 상대
의 못마땅한 점을 들춰냈다고 칩시다. 속이야 후련하겠지만, 그다
음 그와의 관계는 어쩌자는 겁니까?


또, "안 할 말"을 왜 합니까?
또, "이런 말은 하지 않으려" 했으면, 안 해야지.
또, "이런 말을 들으면 당신 기분이 나빠질 것"이라는 것을 뻔히
안다면서,

왜 그런 말을 하는 겁니까?


그럼 어떻게 하라는 거냐구요?

이럴 때 상대가 기분 나쁘지 않으면서 양심에 찔리는 촌철살인 寸鐵殺人 유머가 보석처럼 빛나는 법입니다.

# 09

# 당신 덕분에 제가 삽니다

저는 이 덕분德分이라는 말을 아주~ 좋아합니다.

덕분은 덕 덕德 자에 나눌 분分, 서로가 자신이 가진 덕을 나누는 것이거든요.


어둠 덕분에 새벽의 여명이 더 희망차고, 청소부 아저씨 덕분에 깨끗한 아침을 맞이하지요.

기사분들 덕분에 '구사일생'이 아니라 '기사일생' 출근 시간에 지각하지 않고, 단골식당 아주머니 덕분에 숙취로 깔깔한 내 입맛을 되돌리게 됩니다.


탤런트 이덕화 님 같으면 이렇게 소개했겠죠.

"엄마를 부탁~해요의 작가"

소설가 신경숙 님은 야학에 다닐 때 공장 일이 바빠 여러 번 결석을 했다가, 벌로 쓴 반성문을 읽어보신 선생님께서 글재주에 놀라 소설 쓰기를 권해 오늘의 대소설가가 되었잖아요.

이처럼 누가 자기를 알아봐 줄 때, 그분 덕분에 내가 사는 것이지요.

그분은 내 재주를 발견해 주신 선생님일 수도 있고, 항상 나를 일으켜 세워주는 친구일 수도 있고, 보고 있어도 보고 싶은 사랑하는 사람일 수도 있고, 옷깃을 스치며 지나가던 행인일 수도 있고, 나를 지켜보시던 절대자이신 신神일 수도 있습니다.

미운 사람, 용서할 수 없는 사람, 심지어 나쁜 사람 덕분에 내가 더 강해질 수 있었으니, 돌이켜 보면 이 또한 고마워해야 할 사람들입니다.

싸이는 "말춤 덕분에 내가 살며", 엘리베이터 버튼을 누르고 20층까지 올라와 무는 모기는 올여름 작별인사로 "당신 피 덕분에 내가 살았습니다. 내년 여름에 또 봐요~ 안뇽! So long(쏠롱), 사요나라, 짜이찌엔再見, 오르보아르Au revoir, 아디오스Adios"를 외칩니다.

# 부드러운 미소의 값

어느 CEO가 최고경영자 과정 강의에서 자신은 현금으로 1,000억을 가지고 있다고 하니, 수강생들이 부러워하자,

"이 중 0 하나는 멋진 아이템이고, 또 0 하나는 절묘한 마케팅이고, 또 0 하나는 좋은 운이었습니다. 그러나 여기서 1이 없었다면 000은 결국 제로 아니겠습니까? 1은 바로 저를 믿어주는 아내의 부드러운 미소였습니다."

발길로 차도 안 열리는 문을 스르르 열리게 하는 것은 경첩에 친 부드러운 기름 한 방울이고, 부부싸움을 그치는 말은 상대가 찍소리 못하게 할 강한 비난의 말이 아니라, 부드러운 사과의 말이며, 돌아온 탕자를 회개시킨 건 혹독한 징벌이 아니라, 이 탕자를 이웃의 일원으로 다시 받아 달라고 동네잔치를 베푼 아비의 부드러움이었습니다.

각진 상자로는 뚜껑을 닫을 수 없는 물건도, 부드러운 보자기로는 모든 형태의 것을 포장할 수 있습니다.

빵 한 조각을 훔친 죄로 19년간 감옥에 갇힌 장발장을 교화시킨 건 강제노역이 아니라, 미리엘 주교가 베푼 부드러운 포용과 자비 그리고 사랑이었습니다.

얼마 전 뮤지컬 무비(무비컬) 〈레미제라블〉이 대한민국 상영관을 달구었던 것도, 빈부격차 완화와 불평등 해소를 부르짖던 150년 전 프랑스 청년들의 욕구를 해소시킨 것은, 미리엘 주교의 부드러운 포용뿐이었다는 교훈을 오늘 우리 관객들이 눈치챘기 때문이지요.

# 인식(認識) 있는 과실(過失)

고의故意와 과실過失 사이에서 고의 쪽에 가까운 '아니면 말고'가 미필적 고의未畢的 故意이고, 과실 쪽에 가까운 '아니면 말고'가 인식認識 있는 과실過失입니다.

내가 그분을 만난 것은 『털어도 먼지 안 나는 형법』이라는 제 졸저가 출판되어 한 음식점에서 재미 무용가 손정아 원장에게 책을 전해줄 겸 만난 식사 자리에서였어요.

옆자리에 여러분과 함께 계시던 반백半白의 동안童顏 신사가 저에게

"그 책 좀 봐도 되나요?" 해서 보여드리니, 형법에 대해서 물으시는 거예요. 그런데 질문이 "인식 있는 과실과 미필적 고의의 차이를 어떻게 설명하고 있나요?" 등 범상치 않은 거예요.

그래서 저는 종업원에게 종이를 좀 달래서, 그림을 그려가며 '친절한 광팔씨'가 되어 자세히 설명을 해드리니, 옆에 동행한 분들이 웃는 거예요.

"왜 그러세요?" 하고 반문하니, 그분을 가리키며

"저 원장님이 누구신지 모르세요?" 하기에 반 확신을 가지고 느낌대로

"원장님요? 원장이라면, 산부인과 원장이신가요?" 하니, 박장대소.

"김성호 국정원장님 모르세요?" 소리에 정신이 번쩍 났습니다.

"그러면, 전 법무부장관이셨잖아요?"

계속 박장대소를 하는 이들도 모두 지검장 출신 변호사들이었습니다.


법무부장관을 앉혀놓고 법학사가 형법 강의를 했으니, 주위에서 얼마나 재미있었겠어요.

이렇게 만담처럼 맺어진 인연이 재미를 더해갑니다.

# 왼손이 하는 일을
# 오른손이 모르게 하는 건망증

이후 김성호 장관님과의 재미있는 인연은 뽀빠이 이상용 선배님이 가세하면서 도토리 키 재기 퍼포먼스로 이어졌는데, 3인 중 서로가 최장신이라고 우겨대는 중입니다.

그건 그렇고 천재의 건망증은 일반인보다 더 상상을 초월합니다. 김성호 원장님의 고백.

제가 공직에 있을 때, 퇴근 때 차를 타고 가다 보면 반드시! 핸드폰을 사무실에 두고 나오는 거예요. 기사 핸드폰을 빌려 비서에게 전화를 걸어 가져다 달라고 부탁하는 것도 한두 번이지, 아무리 비서라도 너무 민망스럽더라구요. 그래서 생각해낸 것이 핸드폰만 눈에 띄면 양복 우측 주머니에 넣어두는 것이었어요.

핸드폰이 안 보여 우측 주머니를 만지면 항상 다소곳이 그곳에 있는데, 얼마나 흐뭇한지 그 기분 중증 건망증 환자 아니면 모를 거예요. 얼마를 그렇게 핸드폰과 밀월을 보내고 있었는데, 하루는 퇴근길에 차 안에서 우측 주머니를 만지니, 아뿔싸 또 병이 도졌

구나. 하는 수 없이 비서에게 전화를 걸어,

"김양아~ 내가 병이 또 도졌나 보다. 미안하지만 핸드폰 좀 챙겨서 차로 가져다줘~" 하자, 비서가 하는 말

"원장님, 지금 걸고 계신 전화는 뭐예요?"

아이고, 왼손에 핸드폰을 들고 오른손으로 주머니를 만져보는데 핸드폰이 없으니,

제 핸드폰으로 핸드폰 두고 나왔다고 전화를….

# 네모난 알

한 앵무새는 20만 원인데, 다른 앵무새의 가격은 무려 500만 원이나 한다는 거예요.

이유인 즉, 와~ 500만 원짜리 앵무새는 네모난 알을 낳는다는 거예요.

그런데 이 앵무새가 알을 낳은 직후 하는 말이 있대요.

"또 실패했군. ㅜㅜ"

원로 코미디 PD 인덕대 김웅래 교수에게서 들은(이를 전문(傳聞)이라 합니다.) 외국 유머입니다.

똑똑한 듯해서 뽑아놓으면, 제값을 못 하고 우스꽝스러운 궤변을 늘어놓는 선출직 공직자가 하는 말 같군요.

$7 \times 7 = 48$

강남문화재단 이사진은 참 재미있게 구성이 되어 있었습니다. COEX 이희범 회장에 이어 도올 김용옥 선생 누님으로 더 알려진 라면 파동 주역 김숙희 전 교육부(김영삼 정권 당시 문교부) 장관님이 이 사장을 맡았고, 피아니스트 신수정 님, 현대백화점 경창호 부회장 님, 대원그룹 김일곤 회장님, 이종욱 태평양 로펌 대표 변호사님 에 만담가인 필자까지…. 그런데 이사회 때면 신수정 학장(전 서울음 대 학장)님께서는 매번 조금 늦어서 따다닥닥 경쾌한 하이힐 소리와 함께 막 뛰어 들어오시곤 했습니다.

성원成員도 기다릴 겸 제가 유머 보따리를 풀어놓았습니다.

후덥지근한 한여름 밤 마침 파출소(경찰 지구대) 앞에서 술 취한 두 사나이가 심한 언쟁을 하다가 육탄전까지 벌이고 있었어요. 파출 소 안으로 연행된 두 사나이에게서 여성 파출소장이 심문조서를 꾸미며 질책을 하듯 물었습니다.

"가뜩이나 불쾌지수가 높은데 나이 지긋한 분들이 친구끼리 술 에 취하셨으면 집으로 가실 일이지, 그것도 파출소 문 앞에서 치고받는 분들이 어디 있습니까?"

그러자 러닝셔츠까지 찢어진 배 튀어나온 남자가 억울하다는 듯이

"아 글쎄 이놈이 술에 취해서 7×7이 얼마냐고 묻길래 7×7=48이라고 일러줬더니, 7×7=49라고 박박 우기는데 누굴 바보 취급하는 것도 아니고 열 받지 않게 생겼소?"

이번에는 안경까지 부러진 비쩍 마른 사내가 흥분을 가라앉히지 못하면서

"어허, 저 미친 놈 보게, 파출소에 와서까지 7×7=48이라고 우기네. 7×7=49지, 어떻게 7×7=48이야?"

"어허, 순경 아줌씨! 7×7=48 맞죠?"

"어허, 내가 돌아버리겠네… 7×7=49 맞잖아요?"

이때 파출소장이 김 순경에게 지시하더랍니다.

"7×7=49라고 우기는 이 분은 구금시키고, 7×7=48이라고 우기는 저 분은 귀가시키세요!"

그러자 비쩍 마른 사내가 이번에는 파출소장에게 삿대질까지 하면서 따지는 거예요.

"이거 보슈. 7×7=49인데, 왜 7×7=49라는 사람을 붙잡아두고 7×7=48이라는 놈은 풀어줘? 어허, 세상이 다 미쳤어. 이제는 파출소장까지 미쳤구나!" 그러자 파출소장 하시는 말씀,

"이거 보세요. 아저씨! 7×7=48이라는 사람하고 싸우는 사람이 제정신이에요?"

좌중에 폭소가 터지는 순간, 절묘하게 '따다닥닥' 경쾌한 피아노 소리 같은 하이힐 소리를 내며 신수정 학장님께서 입장하는 순간을 놓칠 필자가 아니지요.

"아이구, 앞의 회의가 늦어져서 조금 늦었네요." 하시는 말씀이 끝나기가 무섭게

"학장님, 7×7이 얼마예요?" 하고 물으니, 영문도 모른 채

"예? 아, 7×7=49지, 그걸 왜 물어요?"

"어이 김 순경! 학장님 잡아넣어!"


"네에~?"

# 15

## 장관!

공연예술계의 대부 이종덕 선배의 일화입니다.

이종덕 선배는 영화계의 대부 김동호 영원한 위원장과 함께 지금의 문광부(문화관광체육부) 낙하산(?) 출신으로 성공한 전설적 현역입니다.

세종문화회관 사장, 예술의 전당 사장, 성남 아트홀 사장, 충무아트홀 사장을 모두 거친 유일무이한 분이지요.

그가 탁월한 실력에 박정희 대통령의 총애까지 받으며 문광부심의관(국장급)으로 잘나가던 시절, 옷을 벗게 되었대요.

연말 파티가 그의 송별연처럼 되었는데, 얼큰하게 술기운도 오르고 부아도 나고 하여 자신도 모르게 "장관!" 하고 큰 소리로 부르며 장관 앞으로 뚜벅뚜벅 걸어갔답니다.

아이고, 대형사고가 터지는구나, 말리지도 못하고 좌중은 숨을 죽이며 사건의 추이를 예의주시하고 있는데 황야의 무법자처럼 거구의 이종덕 선배는 한 발 한 발 장관 앞으로 다가가고… 갑자기 술이 확 깨며 본인도 이 사태를 어떻게 수습할 것인가 대략 난

감… 천하의 이종덕이 꼬리를 내릴 수는 없는 노릇이고….

　장관 코앞까지 뚜벅뚜벅 걸어간 이종덕 선배의 사자후獅子吼?
　"노래 한 번 하시죠."
　'공연사고 해결의 달인'의 명성은 어느 날 갑자기 이루어진 것이
아닐지니.

# 가위는 보를 이기고, 보는 바위를…

오늘 대한민국의 화두는 일자리 창출과 경제 민주화 그리고 사회복지일 것입니다.

그런데 이들 문제는 모두 노사 간, 빈부 간 공존할 수 없는 함수의 상존으로 극한 대립을 가져올 시한폭탄들이지요.

이러한 이항대립구조를 해결하는 근본적인 해결책이 바로 부드러운 포용이라는 3항 순환구조입니다. 쉽게 예를 들어 가위, 바위의 이항 구조에 보라는 포용의 3항 순환구조로, 가위는 보를 이기고, 보는 바위를 이기고, 바위는 가위를 이기는 서로가 서로를 이기는 상생의 순환구조를 만드는 겁니다.

오늘 대한민국의 시대정신은 포용이라는 부드러움입니다. 가위바위보 놀이는 이처럼 손가락을 이용해 상생의 순환구조를 깨우치게 하는 놀이입니다.

한번은 손가락끼리 서로 잘났다고 다투었대요.

엄지손가락은 "최고를 가리킬 때 나를 세우잖아."

검지손가락은 "무엇을 가리킬 때는 내가 가리키잖아."

중지손가락은 "내가 가장 길잖아."

약지손가락은 "보석 반지는 내가 끼잖아."

새끼손가락은 내세울 게 없잖아요.

"너희들이 아무리 잘났어도, 내가 없으면 불구야!"

모자란 사람, 뒤처진 사람마저 안고 가는 포용만이 이 사회를
완전하게 만듭니다.

## PART 2

# 유머와
# 유머스타일

Humor Leadership In Communication

유머humor는 우리말 표기에 남을 웃기는 말이나 행동으로서 '우스개', '익살', '해학'으로 순화하여 사용하기를 권장하고 있으나(국립국어원, 2012), 실제 사용하는 용어로서 '유머'가 통용되고 있는 실정입니다.

유머humor는 즐거움이나 웃음을 일으키는 말·행동·문장이라는 사전적인 의미 이외에도, 어울리지 않는 생각과 상황들이 익살맞게 파헤쳐지고 평가되는 것을 경험하는 것이라고 정의하기도 하며(McGhee, 1979), 단순히 웃음과 동일한 것으로 여기기도 합니다(Snyder, 1985).

실제로 유머는 정의하기에 따라 매우 광범위하지만, 조직에서의 유머는 남으로 하여금 유쾌한 마음이나 긍정적 감정을 유발시키는 코믹하고 미소 섞인 커뮤니케이션이라는 것이 일반적 의미입니다(Romero & Cruthirds, 2006). 그리고 유머는 상사나 동료 자신 등 누가 하든지, 의도

적인지 아닌지에 따라 영향력은 약간씩 차이가 있겠지만, 조직구성원의 관계나 성과에 영향을 미칩니다(임창희, 2009). 이처럼 거의 모든 연구자들은 일반적으로 유머감각을 긍정적이고 유익한 개인적인 차이의 개성으로 간주하고 있습니다.

그러나 최근의 연구에서 유머의 어떤 형태는 실제로 심리적으로 긍정적이고 수용적인 개성 차원인 반면, 다른 유머의 형태는 상호작용에서 덜 바람직하고 덜 건전한 형태를 나타내는 경우도 있다고 밝히고 있습니다(Kuiper et al.(2004), Kuiper & Martin(1998), Martin et al.(2003)).

이러한 유머 속에는 Roeckelein(2002)이나 구병주(2009)의 연구에서처럼 긍정적이거나 부정적인 성격을 가지고 있어서 유머를 사용하는 사람의 사용 특성에 따라 유머의 스타일이 다르다고 할 수 있습니다.

또한, Kuiper et al.(2004)는 유머를 유머의 유형으로 접근하여 분류하고, Martin et al.(2003)의 유머스타일을 응용하여 4가지의 형태로 구분하여 나타내고 있습니다. 물론 4가지의 유머스타일은 Martin et al.(2003)이 유머스타일에 대한 질문지를 개발하면서 구별되어진 것입니다. 이들은 잠재적으로 긍정적인 형태를 가진 두 가지의 유머인 협력적 유머와 자기고양적 유머를 개발하고, 또한 두 개의 부정적 유머인 자멸적 유머와 공격적 유머의 형태를 개발하였습니다.

한편, Martin et al.(2003)과 Kazarian & Martin(2004)의 연구를 기반으로 Kuiper & Leite(2009)는 유머스타일을 긍정적 유머스타일과 부정

적 유머스타일로 크게 두 가지 차원에서 접근하고 있습니다.

긍정적 유머스타일은 협력적, 자기고양적 유머스타일을 가리키며, 이러한 경향을 보이는 사람들은 사회적으로 바람직한 성격(친절하고 유쾌한)의 높은 수준을 가지는 것으로 나타납니다. 또한, 긍정적 유머스타일은 적응적 유머스타일로 표현하기도 합니다.

반면에 부정적 유머스타일은 공격적, 자멸적 유머스타일로 이러한 경향을 가진 사람은 바람직하지 않은 성격(냉소적이고 비열한)의 낮은 수준을 가지는 것으로 나타내고 있으며, 부정적 유머스타일은 부적응적 유머스타일이라고도 표현합니다.

긍정적 유머스타일에는 타인긍정의 협력적 스타일과 자기 긍정의 자기고양적 스타일이 포함되며, 부정적 유머스타일에는 타인부정의 공격적 스타일과 자기부정의 자멸적 스타일이 포함됩니다.

# 01

## 하느님과의 협상

이스라엘 백성들은 여야의 NLL 포기 대화록 공개 협상, 국정원 개혁 협상만큼이나 지루하고 힘든 하나님과의 줄다리기 3차 협상을 마치고 산에서 내려오는 모세를 목이 빠지게 기다리고 있었겠지요.

모세는 '나가수' 연말 결선 발표하듯 한~참을 뜸들이며 입을 열었겠지요.

"하나님과의 협상 결과를 발표합니다." 두두두두~

"좋은 소식과 나쁜 소식이 각각 하나씩 있습니다."

"그럼 좋은 소식부터 알려주시오."

"좋은 소식은, 하나님과 흥정 끝에 계명戒命을 10개로 줄이는 데 합의했습니다."

"와!"

"평생을 살아나가면서 겨우 열 가지만 지키면 된단 말이지…."

백성들이 기뻐서 들뜬 소리로 웅성댔겠지요.

"이제 나쁜 소식을 알릴 차례군요."

낙담하듯 모세가 입을 열었겠지요.

"나쁜 소식은, 나쁜 소식은, 밤샘 설득을 거듭했지만, 결국 10계명에서 간음을 빼는 데 실패했습니다."

"에이~"

특히 남성들이 절망했겠지요.

지금까지.

* 제목에서는 표준어를 따라 '하느님'으로 표기하고, 본문에서는 리얼리티를 살리고자 개신교의 표기법에 따라 '하나님'으로 표기하였습니다.

## 이거 내 것 아냐

　할아버지 한 분이 지하철 경로석에 앉아서 돋보기를 끼고 신문을 보고 계셨대요.

　그런데 아이고, 망측스러워라! 바지 자크가 열렸는데 물건까지 보이는 게 아니겠어요?

　앞에 서 있던 아저씨가 조용히

　"할아버지! 물건 나왔어요. 자크 올리세요." 하니까,

　할아버지께서 자기 물건을 뚫어져라 쳐다보시더니,

　"이거 내 꺼 아냐!" 하시는 거예요.

　하도 기가 막혀

　"할아버지 바지에서 나왔는데, 왜 할아버지 것이 아니에요?" 하니까,

　돋보기 낀 눈으로 다시 자기 물건을 한참 쳐다보시더니 손사래까지 치며

　"내 껀 이렇게 안 커!" 하시더랍니다.


　자기의 입장에서, 즉 돋보기 낀 눈으로 보이는 것이 진실이라고

여겼기 때문이지요.

어떤 사실을 파악할 때는 역지사지易地思之.

자기의 시각뿐 아니라, 남의 시각에서도 살펴야 진실이 보이는 법입니다.

## 안 되는 줄 알면서
## 왜 웃었을까

한·중·일 공통한자 800자 세미나를 위해 중국에 갔던 학자 셋이 탄 경비행기가 불시착한 곳이 하필이면 식인종 부락이었어요.

추장은 잡혀 온 세 사람에게 살고 싶으면 각각 과일을 하나씩 따와서 시키는 대로 하되, 어떤 일이 있어도 웃으면 바로 죽이겠다고 엄포를 놓는 것이었어요.

한국 사람은 방울토마토를 따왔고, 중국인은 사과를 따왔대요.
과거사를 인정 안 하듯, 아무리 기다려도 일본 사람이 안 오자, 우선 두 사람에게 불법 영토 침범죄로 벌칙을 내리는데, 각자 따온 과일을 항문에 넣으라는 것이었어요.
한국 사람은 쉽게 이행했지만, 중국인은 사과를 넣느라 거의 초주검이 되었지요.

이때 마침 일본인이 나타나자 한국 사람과 중국인은 추장이 '웃으면 죽이겠다.'는 말도 잊은 채 눈물이 쏙 빠지게 웃고 말았대요.

♪ 안 되는 줄 알면서 왜 그랬을까~

일본인은 추장에게 잘 보이려고 멀리까지 가서 가장 큰 수박을
따온 거예요.

## 04

# 튀는 참새가 총 맞는다

왜 각계 분야의 전문가가 정치판에만 들어가면 거수기로 돌변할까요?

튀는 초선은 다음 공천에서 총 맞기 십상이기 때문일 겁니다.

사냥꾼의 총에 시달리다 못한 참새들이 〈서울시 참새구이 예방 협동조합〉을 결성해서 방탄조끼를 구매했대요.

사냥꾼이 다연발 사냥총을 쏘아도 참새들은 서로서로 팔짱을 끼고

"야, 야~ 야야야야, 야야야야, 야야야야."

노래를 부르며 다 막아냈대요.

그런데 평소 튀던 참새 한 마리만 방탄조끼를 입었는데도 총에 맞아 죽었대요.

왜 그랬을까~요?

다들 서로 팔짱을 끼고 "야, 야~ 야야야야…." 노래를 부르는데,

그 참새 혼자서만 잘난 척하느라 노래에 맞춰 방탄조끼 단추를

풀고 젖혔다 여몄다 하며,

"야, 야~ 야야야야⋯."

부르다 그만~


모난 돌이 정 맞는다고 했잖아요. 그러나 돌은 모나야 하고, 소나무는 구부러져야 하고, 장관은 대통령 면전에서 주제넘고 뻔뻔스러워야 합니다.

창조경제의 전도사 윤종록 미래부 차관이 입만 열면 강조하는 '후츠파chutzpah'란 이스라엘 말로 '주제넘은, 뻔뻔스러운, 오만한'이란 의미거든요.


어찌 됐든, 삼가 고작故雀(돌아가신 참새)의 명복冥福을 빕니다.

# 겉궁합에 속궁합까지
## 꿍짝이 맞아야

세상만사가 혼자 힘으로는 어렵고, 주위 사람과 궁합이 맞아야 일이 잘 풀립니다.

특히 옆 사람을 잘 만나야 합니다.

모진 놈 옆에 있다가 벼락 맞고, 예수님 옆 십자가에 달린 강도는 "주를 믿습니다." 한마디에 최초로 천당에 입적했답니다.

(누가복음 23장 32절~43절)


개미가 다 늙은 코끼리한테 하도 결혼을 해 달라고 조르니까,

"아이고, 어차피 죽을 때도 다 됐는데, 젊은 놈 소원이나 들어주자" 하고 청혼을 받아줬어요.

첫날밤은 잘 치렀느냐구요?

아이구, 주책! 그런데 신혼여행을 다녀와서 그만 코끼리가 죽었대요.

과로사라나요.

그래서 개미가 코끼리를 묻으려 땅을 파면서 판소리로 한탄을 하는디!

"아이고, 내 팔자야~ 장가 한번 잘못 들었다가 평생 삽질하게 생겼네~" 하니까,

개미 모친 즉, 코끼리 장모가 옆에서 염장을 지르는디!

"이놈아, 그렇게 말릴 때 에미 말을 안 듣더니, 평생이 아니라, 대대손손 자손만대 삽질하다 집안 결판날껴!"

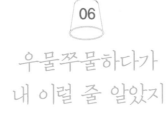

## 06

우물쭈물하다가
내 이럴 줄 알았지

버나드 쇼George Bernard Shaw의 묘비명입니다.
우리 동요는 더 직설적입니다.
♪ 우물쭈물하다가는 큰일 납니다.

그러면 오이의 묘비명은?
네, 오이 무침입니다.

# 여우와 두루미

**신부님:** 아이구 스님, 오랜만이에요. 스테이크가 미디엄으로 피도 살짝 배서 맛있는데 좀 드시죠.

**스님:** 아이구 신부님, 감사합니다. 신부님 결혼식 피로연 때 불러주시면 그때 들겠습니다.

대화가 꼭 여야 협상 테이블에서 하는 이야기 같죠?

그러나 '갑甲의 횡포와 을乙의 눈물'은 상황에 따라 갑을甲乙이 바뀔 수도 있다는 사실을, 우리는 유종의 미를 거둬 다행스러운 지난번 남양유업 사태에서 보았습니다.

## 08
## 문제는 파트너

자기 입장에서만 생각하면 어떤 일이 벌어지는지, 유머심리학적 관점에서 사례를 들어볼까요?

미국의 캘빈 쿨리지Calvin Coolidge 대통령이 휴가차 고향의 양계장에 들렸는데, 나랏일에 신경을 많이 써서 그런지 밤일이 신통찮은 대통령을 골탕 먹일 요량으로 영부인이 양계장 주인에게 물었대요.

"수탉은 하루에 몇 번이나 교미를 합니까?"

그러자 영문을 모르는 양계장 주인은

"하루에 10번 정도 합니다."

그 말이 떨어지기 무섭게 영부인이 시치미를 뚝 떼고 놀란 듯 양계장 주인에게

"1년에 열 번이 아니구요?" 그리고는 다시 대통령의 자존심에 대못을 박았대요.

"여보! 닭도 하루에 10번씩 한대요."

그러자 대통령이 양계장 주인에게 묻는 말씀

"닭은 매번 같은 파트너하고만 교미를 합니까?" 하자, 양계장 주인 왈

"아니죠. 매번 교미 때마다 파트너가 바뀝니다."

그러자 대통령이 씽긋 웃으며 영부인에게 하시는 말씀

"여보, 할 때마다 파트너를 바꾼대."

## 09
## 여자 하기 나름

힐러리가 당시 대통령에 막 취임한 클린턴과 그녀의 고향을 방
문했다가, 우연히 주유소에서 일하고 있는 옛 남자친구를 만났
대요.

이때 클린턴이 묘한 시기심이 발동했던지 이렇게 빈정거렸습
니다.

"당신이 저 놈팡이와 결혼을 했다면, 지금쯤 당신은 주유소 직
원의 마누라가 되어 있겠군."

이때 힐러리가 클린턴의 코를 톡 치며 하는 말,

"아니죠, 저분이 지금 미합중국 대통령이 되어 있겠죠."

# 아내의 훈수

자신의 입장, 곧 처지가 바뀌면 인간이 어떻게 변하는지 유머심리학적 관점에서 일화를 소개합니다.

재벌 부부가 요트를 타다 망망대해에서 폭풍을 만나 널빤지에 몸을 싣고 사투를 벌이고 있었습니다. 남편이 하나님께 간절히 기도를 했대요.

"하나님 아버지! 저를 살려주시면, 전 재산의 반을 헌금하겠습니다."

폭풍은 더 심해져만 갔습니다. 다급해진 남편은 더 업그레이드된 기도를 올렸대요.

"하나님 아버지! 저를 살려주시면, 전 재산의 3분의 2를 헌금하겠습니다."

그런데도 번개와 벼락까지 치며 폭풍이 몰아치자, 자포자기한 남편이

"하나님 아버지! 저를 살려주시면, 전 재산을…"

이때 옆에 있던 아내가 기도하던 남편보다 더 큰 소리로 외치더
랍니다.

"여보! 구조선이 보여요! 당장 하나님과의 흥정을 중단하세요!"

# 11
## 부부싸움
## 왜 하게 되는 것일까요

1812년 러시아 정벌에 나섰던 나폴레옹과 1941년 구소련 침공에 나섰던 히틀러마저 무릎 꿇린 것이 General Winter 동장군冬將軍이었습니다.

그런데 이렇게 무서운 혹한과의 싸움보다 더 무서운 싸움이 바로 부부싸움입니다.

추운 날씨와의 싸움은 버티면 봄이 오지만, 부부싸움은 버티다 보면 서로가 찬바람만 쌩쌩 품어대 빙하기가 옵니다.

얼마 전 통계청 자료에 의하면 11만 쌍, 22만 명이 이혼을 해서 OECD 국가 중 우리나라가 이혼율 1위를 기록했더군요. 부부싸움으로 인해 당사자와 자식들은 물론 양가 부모·형제, 친한 친구를 합치면 매년 약 500만 명 정도가 엄청난 정신적 충격을 받고 있대요.

그런데 부부싸움은 왜 일어나는 걸까요?

부부싸움의 근인近因, 즉 가까운 이유나 직접적 동기는 사소한 말 꼬리 물기에서부터 자식·교육문제, 경제적인 문제, 성격 차이, 상대의 불륜 등 다양하지만요.

멀 원 자 원인遠因, 즉 근본적 이유를 심리학적으로 분석해 보면, 90%가 어린 시절 부모로부터 받은 상처와 절망이 각자의 방어기제로 작동하고 있다는 것이 부부갈등 90%를 치유시킨(도서출판 이마고와 이름도 같은) 이마고 치료법 창시자 핸드릭스 박사의 결론인데요.

부부간에 발생하는 부정적 상호작용의 대부분은 어린 시절 주양육자, 즉 부모로부터 받은 상처 때문이라는 흥미로운 연구결과입니다.

어린 시절 엄마에게 체벌을 자주 받으며 자란 남편은 뇌 일부분에 심리적 상처가 나 있다는 거예요. 그런데 부부가 뿔과 가시가 달린 호저라는 동물처럼 서로 가까이하다 보면 부인이 남편의 어린 시절 상처 난 부분을 찌를 때가 있는데, 남편은 그때 본능적으로 공격적인 반응을 보인다는 거지요.

이때 당황한 부인도 자기방어 기제가 발동하여 공격적으로 변하면 불기둥에 휘발유를 뿌린 격이 되어 부부싸움의 불길이 걷잡을 수 없게 번진다~ 이겁니다.

# 12

## 결혼 그리고 별리(別離)

이마고 치유법 창시자 핸드릭스 박사에 따르면, 남녀 할 것 없이 성인이 되어 어린 시절 받지 못한 사랑이나 관심, 각종 요구나 필요들을 채우기 위해 결혼을 하게 되고, 그 과정에서 부모님과 가장 닮은 사람을 배우자로 선택하는 경향이 있다는 거예요.

무의식적으로 어릴 때 부모에게서 받지 못했던 사랑을 듬뿍 받아 유년기의 숙제를 끝내려는 심리 때문에 부모와 유사한 사람에게 매력을 느끼게 된다는 거지요.

무의식이 중매를 하는 셈이에요. 앞서 지적한 대로 어린 시절 엄마에게 자주 체벌을 당하며 자란 남편은 자신도 모르는 사이에 엄마와 닮은 여성을 찾아 결혼하려는 경향이 있는데, 이는 어린 시절 받지 못한 사랑을 받고 싶어서입니다.

그런데 막상 결혼생활에서 상처를 주고받다 보면 엄마와 닮은 배우자와의 관계에서 도망치려는 무의식적 충동이 '이혼'을 선택하게 된다는 겁니다.

즉, 배우자가 자신의 상처를 해결해 줄 것이라고 믿었는데 기대치에 못 미치게 되었을 때 실망을 하게 되고, 다시 자신을 위로해 줄 다른 상대를 찾는 심리형태가 소위 불륜이지요.

이런 상대를 만나면 홍역 후유증으로 얽은 상처 하나하나가 보조개로 보인답니다.

불륜 역시 상처에 대한 반응이기 때문에 어린 시절의 상처를 치유하지 못하면 불륜 상대와도 또 부부싸움과 같은 문제가 생기게 됩니다.

집에서 새는 바가지는 밖에서도 새는 법입니다.

# 13

## 최고 경지의 도(道)는 냅도!

주말에 남편이 평소 아내가 못하는 대청소를 해준다거나, 변기 청소를 해 주면 믿음직스럽고 부딪힐 일이 없는데, 설거지를 해준답시고 깔끔하게 헹구지도 않고 물기 있는 식기를 그릇장에 넣는 꼴을 보면 되레 화가 치밀어 아내가 다시 일을 하게 됩니다.

주부들은 가사의 주도권을 놓치지 않고 혼자서 다 하려다가 스트레스를 자초하게 되는데, 이를 심리학적으로 Maternal Gatekeeper라 합니다.

이럴 때는 남편이 제대로 일을 못하더라도, 할머니가 손자의 설거지하는 서투른 모습을 보고 흐뭇하게 웃듯이, 내버려두십시오. 그리고 마무리는 전문가가 하면 되잖아요.

도道 중에서도 최고 경지의 도道는 '내버려 도(둬!)'
줄여서! "냅도"예요.

이 말은 박노해 시인의 '제발 내비도'에서 인용한 것이에요.

도道 중의 최고 도는 기독교도 아니고 유불선도 아니고(⋯)
내비도다! 그냥 냅둬다. 아이들이(⋯) 스스로 해내게 제발 내비도!


'유불선' 하니, 낙서 윤덕희의 삼소도三笑圖가 떠오릅니다.

참! 불교의 비구니, 천주교의 수녀님, 원불교의 교무님들이 종교 간의 소통과 화합의 모임 이름을 삼소회라고 지었다지요.

삼소도를 그린 윤덕희는 〈자화상〉으로 잘 알려진 공재 윤두소의 장남이고, 윤두소는 고산 윤선도의 증손자 아닙니까.

마침 전 이대 총장 이배용 님의 〈우리 역사 속의 미소〉라는 글이 제 중앙일보 스크랩북에 철해져 있었는데, 삼소도를 이렇게 소개하고 있더군요.


진나라 고승 혜원이 여산에 들어가 동림정사를 짓고 불경 번역을 하고 있었대요.

이 절 앞에 호계라는 시내가 흐르고 있었는데, 어떤 손님이 찾아와도 불법과 수행 정진을 위해 이를 건너지 않겠다고 맹세했다지요.

그러던 어느 날 그 유명한 유교의 도연명, 도교의 육수정이 방문해 시간 가는 줄 모르고 담소를 나누다가 배웅에 나서 무심코 호계를 건너고 나서, 이 사실을 깨달은 세 사람이 마주 보며 파안대소破顔大笑하는 모습을 그린 거랍니다.


유불선을 뛰어넘는 천진스러운 웃음소리⋯ 그냥 냅도!

# 비 오는 날 포장마차

비 오는 날의 포장마차는 공연히 운치가 있죠.

비의 온도가 평균 몇 도인 줄 아세요?

예, 5°입니다.

왜냐? 유행가 가사에도 나오잖아요.

"비가 오도다 ♪" 가수 도미 님의 노래예요.


그건 그렇고, 비가 오면 생각나는 것이 빈대떡이잖아요.

종로빈대떡 본점 창업자에게 들은 얘기인데, 비가 오면 평소보다 녹두를 1.5배 불려놓는대요.


그건 그렇고, 비 오는 날이면 어김없이 쌍문동 동네 포장마차에 들르는 두 사나이가 있었는데 두 사람 대화가 걸작이에요.

"형씨, 태어난 곳이 어디셔?"

"아 저요? 저는 쌍문동에서 태어났는데요."

"아이고, 이런 인연이 있나, 나도 쌍문동인데."

"그럼 형씨 성씨는 어떻게 되셔?"

"저는 변 씨인데요."

"아이고, 이런 변이 있나, 나도 변 씨인데."

"그럼 형씨 어머니 성씨는 어떻게 되셔?"

"제 어머니 성씨는 청주 한 씨인데요."

"아이고, 이런 인연이 있나, 우리 어머니 성씨도 청주 한 씨인데."

끊이지 않고 기막히게 똑같은 인연을 얘기할 때마다 서로 부둥 켜안고 어쩔 줄 몰라 하는 거예요. 하도 신기해서 옆에서 꼼장어 구이에 소주잔을 기울이던 한 손님이 포장마차 아주머니께

"저 사람들 뭐예요?" 물으니, 주인아주머니 하시는 말씀.

"둘이 쌍둥인데, 비만 오면 포장마차에 와서 저 지랄들이에요. 호호."

## 15

## 빼다 박은 아들

　눈에 넣어도 안 아플 외아들을 신혼여행 보낸 아버지가 시차도 고려하지 않고 궁금해서 전화를 걸었는데, 그런데 하필 그 순간 아들은 아름다운 신부와 사랑을 나누고 있던 중이었대요.

　아버지 전화를 안 받을 수는 없고, 사랑을 중단하고 "아이고, 아버지 잘 도착했습니다."

　대충 안부를 전하고 전화를 끊은 후 다시 사랑을 했대요.

　일 년이 지나 아빠 닮은 건강한 사내아이가 태어나자, 아버지가 흐뭇해서

　"아이고, 내 새끼, 제 애비 하고 빼다 박았구나." 하시자, 아들이 화들짝 놀라 하는 말이

　"아이고, 아버지! 얘 만들 때, 빼다 박은 걸 어떻게 아셨어요?"

## 잠만 잘 처녀

　필자가 쪽방촌 대부 김흥용 목사님을 도와 용산 쪽방 상담실장을 할 적만 해도 서울역 맞은편 벽산빌딩과 남대문경찰서 뒤편 부근이 지금처럼 빌딩 숲을 이루지는 않았습니다.

　일과처럼 쪽방을 순회하러 언덕길을 오르다 보면 웃지 못할 광고문이 전봇대에 붙어 있던 기억이 아직도 또렷합니다.

**월세방**

잠만 잘

처녀

725 - 49XX

무슨 광고인지 아시겠어요?

세상에! 체체파리에 물린 것도 아니고, '잠자는 숲 속의 미녀'도 아니고, 어떻게 '잠만 잘 처녀'가 있느냐구요?

속내인 즉, 월세로 세를 놓는데, 낮에는 집에 안 들어오고 밤에만 들어와서 잠만 자고 나갈 처녀에게만 방을 빌려주겠다는 말씀이에요.

그런데 왜 하필이면 처녀일까요? 속내인즉슨 딸린 식구가 없어 있는 듯 없는 듯 조용히 쓸 분에게만 방을 빌려주겠다는 말씀이에요.


"잠만 잘 처녀"라,

처음에는 웃으려다가 표정이 일그러진 필자의 표정을 누가 카메라에 담았다면, 영화 〈25시〉 마지막 장면의 클로즈업되는 '안소니 퀸' 같았겠지요.

# 여성 전성시대

만담 같은 실화예요.

장소는 어느 법정.

판사도 여성, 검사도 여성, 변호사도 여성, 헉! 법정정리마저 여성.

'남성은 사라졌구나.' 생각하는 찰나, 기대를 저버리지 않고 남성 한 분이 등장하는데…

그는 죄수였습니다.

예전에 〈영자의 전성시대〉라는 영화가 있었지만, 가요계는 걸 그룹이 대세인데요.

나이 드니 가사마저 '-걸' 자 들어간 게 좋더라고요.

♪좀 더 참을걸

좀 더 즐길걸

좀 더 베풀걸♪

## 18

# 테 4중창단

♪막걸리가 좋으냐? 색시가 좋으냐
색시가 좋으냐? 막걸리가 좋으냐
막걸리도 좋고, 색시도 좋지만
막걸리 따라주는 색시가 더 좋다. ♪
추억의 블루벨스 4중창단의 노래지요.

♪꽃집의 아가씨는 예뻐요.
헤이 브라보 김 일병♪
봉봉 4중창단의 노래지요.

여기 테4중창단이 있습니다.
♪멀미약은 귀미태
피임약은 저미태
변비약은 더미태
무좀약은 맨미태♪

운율 맞추려고 맞춤법 무시한 점 해량海諒하여 주옵소서.

# 어디가 머리인지 알아야
# 쥐어박지

한 시각장애인이 안내견의 도움을 받아 길을 가고 있었습니다. 그런데 안내견이 어찌나 급했던지, 주인 바지에 개다리를 하나 들고 실례를 했대요.

지나가던 행인이 유심히 쳐다보니, 움찔 놀란 주인이 화를 내기는커녕 배낭을 뒤적이더니 개떡을 하나 꺼내 먹여주며, 자상하게도 머리를 쓰다듬어 주더래요.

그 광경을 본 행인 자신이 부화가 나서

"아니 아무리 안내견이더라도 머리라도 한 대 쥐어박아야 할 것 아녜요?"

하고 항의하듯 말하자, 그 시각장애인이 하시는 말씀,

"아, 앞이 안 보이니 어디가 머리인지 알아야 쥐어박든지 할 것 아녜요?" 하더니,

떡 먹는 소리 나는 곳(대가리)을 향해서 콱 쥐어박았답니다.

"깨갱깽깽!"

미운 놈 떡 하나 더 준다는 속담이 딱 들어맞는 사례인데요, 이처럼 소통이 돼야 쥐어박을 수라도 있는 겁니다.

불통즉통不通則痛 통즉불통通則不痛이란 말이 있잖아요.

통하지 않으면 아프고, 통하면 안 아프다는 말인데요, 위 사례에서 견공犬公의 입장에서 보면 정반대네요.

## 헌 옷처럼 편한 친구

여러분은, 친구 중에서 어떤 친구가 가장 친한 친구라고 생각하십니까?

돈 많은 친구? 청와대에 다니는 친구?

아니죠! 자기 말을 잘 들어주는 친구를 가장 좋아합니다.

친구는 옷과도 같습니다. 여러분은 퇴근해서 집에 들어가자마자 어떤 옷을 찾습니까?

친구는 헌 옷처럼 편한 친구가 진짜 친구입니다.

남에게 말 못할 고민거리를 스스럼없이 터놓을 수 있는 친구,

기쁜 일이 생기면 자기 일보다 더 기뻐할 모습에 안달을 하며 찾을 만한 친구,

나쁜 일이 생기면 자기 일보다 더 슬퍼하고, 위로해 줄 기댈 어깨 같은 친구,

억울한 일을 당하면 자기 일보다 더 분개하고, 그런 후 흥분을 가라앉혀줄 친구.

여러분 이런 친구를 가졌습니까?

친구에게 속는 것보다, 친구를 믿지 못하는 것이 더 부끄러운 일입니다.

한 연구보고에 의하면 같은 건강상태나 환경이라고 가정할 때, 더 오래 사는 사람은 비교군보다 가까운 친구 수가 많은 사람이라고 합니다.

어떤 재벌총수도, 미모의 여배우도 자기 말을 끈기 있게 들어줄 친구가 한 명이라도 있었더라면, 자살은 하지 않았을 것입니다. 누군가 자기 말을 잘 들어주는 것만으로도 사람은 자신의 존재가치를 자각하여, 심지어 우울증·조울증까지 치유됩니다.

Humor Leadership In Communication

# PART 3

# 유머감각

Humor Leadership In Communication

많은 학자들은 유머러스한 자세는 잠재적인 삶의 위협 상황을 극복하기 위한 우월적인 센스와 객관적인 관점을 유지하려고 하는 것이라고 설명하고 있습니다(Lefcourt & Martin, 1986; Lefcourt & Thomas, 1998). 그러므로 더 큰 유머감각을 가진 사람들은 우울증을 포함하여 스트레스의 부정적인 감정 결과를 경험할 가능성이 줄어드는 것보다 오히려 스트레스에 더 잘 대항할 수 있는 것으로 볼 수 있습니다(Martin & Lefcourt, 1983; Nezu et al., 1988).

최근에 유머감각에 대한 중요성이 기업의 성과에서 중요한 요인으로 떠오르고 있는 것은 여러 연구에서 나타나지만, 직원들에 의해서 유머스럽다고 느껴지는 감독자일수록 더 나은 리더라고 여겨진다는 것인데, 이런 리더는 더 유쾌하고 의욕적이고 지적이며 확신이 있고 친절하다고 생각되기 때문입니다.(Decker, 1987; Priest & Swain, 2002).

또한 Cann & Calhoun(2001)의 연구에 의하면, 평균 이상으로 유머 감각이 좋을 때, 평균 정도의 유머 감각을 가진 사람에 비해서 유의하게 높은 지적 수준을 갖고 있으며, 또한 사회적으로 바람직한 다른 특성을 가지고 있는 것으로 지각됩니다.

### 유머감각의 종류

그러나 유머감각에 대한 개념에서 중요한 것은 유머감각이 있느냐 없느냐의 문제보다 유머를 시도initiating하느냐와 다른 사람의 유머 사용에 대하여 반응을 나타내느냐가 중요하다는 점입니다(구병주, 2009).

구병주(2009)는 유머감각의 종류를 유머의 생산generation of humor, 유머의 대처coping humor, 유머와 유머를 사용하는 사람에 대한 태도 attitude toward humor, 그리고 유머의 평가appreciation of humor로 나타내고 있으며, 이덕로 · 김태열(2009)의 경우 유머의 생산, 유머에 대한 적절한 평가, 유머에 대한 태도 및 유머의 사용 등 네 가지 종류로 나타내고 있습니다.

이들의 차이는 유머의 사용과 대처이지만, 사용과 대처는 동일한 의미로 볼 수 있습니다. 왜냐하면, 대처의 경우 유머를 어려운 문제나 스트레스에 대처하기 위해 사용하는 것으로 해석할 수 있기 때문입니다.

## 유머감각의 선천성 여부

그렇다면 유머감각은 타고나야 되는가? 결론부터 말하면 '아니다'입니다.

유머는 타고난 감각과 끼에 의한 사람도 있지만, 대부분의 경우 훈련에 의해 습득된다고 할 수 있습니다. '유머감각은 큰 자산이다. Sense of humor is a great property.'라는 말이 있는데, 맞는 말입니다. 그래서 요즘 젊은이들은 이성 친구나 배우자의 선택에 있어서 유머감각을 최고의 조건 중의 하나로 손꼽습니다. 그만큼 유머는 사람을 유쾌하게 하고 분위기를 리드해 나가기 때문입니다.

얼짱의 시대가 몸짱의 시대를 거쳐 말짱의 시대가 도래했으니, 아무리 능력이 출중해도 유머가 없으면 말짱 도루묵이 된다나요? 그러나 피땀 흘리는 노력 없이 어떻게 유머라는 자산을 형성할 수 있겠습니까?

세계적인 희극배우 찰리 채플린은 그가 사람들에게 각광 받는 유머와 몸짓이 타고난 재능보다도 피나는 연습에 의한 결과물이라는 것을 다음과 같이 말하였는데, 우리가 어떤 분야에 있든 목표를 달성하기 위한 교훈으로 삼아야 할 것입니다.

"사람들은 제가 천부적인 재능을 타고났다고 생각합니다. 그런데 그들이 모르는 것이 하나 있습니다. 저는 한 번을 웃기기 위해 최소한 100번을 연습한다는 사실입니다. 당신은 100번을 연습한 적이 있습니까?"

그처럼 연습을 거듭하여 시의적절時宜適切하게 구사된 유머로 빵! 터지는 웃음을 유발시킨다면 상호 쌓인 스트레스와 갈등도 상당 부분 해소될 수 있습니다.

그런데 여기서 말하는 유머와 웃음은 긍정적 유머와 유쾌한 웃음을 말합니다. 우리가 주의해야 할 것은 유머나 개그를 구사할 때 만일 부정적 유머와 비웃음, 조소 등을 사용한다면 오히려 조직 분위기를 해치고, 개인에게 상처를 입힐 수 있으며 또 저급해지기 십상이라는 점입니다.

유머는 앨빈 토플러가 주장한 비화폐경제의 범주에 속해 있으며, 영성에도 속합니다. 그러므로 저속한 농담 같은 낯 뜨거운 웃음거리들이나 타인을 비하하고 자신을 바보스럽게 보이거나 우스꽝스럽게 만들어 억지웃음을 끌어내는 부정적인 유머는 사용하지 말아야 합니다.

따라서 우리는 사람의 기분을 상쾌하고 시원하게 해 주고 마음을 치유해 주는 긍정적 유머와 웃음만을 사용한다는 원칙을 세워야 할 것입니다.

특히 감성적 유머는 아름다움이나 좋은 감정을 만들어내면서 센시티브하게 마음을 터치하는 재치있는 유머로 사람들의 상처 난 마음을 치유하며 배려합니다. 그렇게 함으로써 유머를 사용하는 사람이나 받아들이는 사람이 함께 웃음이라는 공통 표현으로 공감을 나누게 되는 것입니다.

　이처럼 유머는 감성을 터치하여 마음을 부드럽고 여유롭게 하여 조직과 개인의 성과를 내는 데 있어서 큰 역할을 하는데, 조직에서는 유머 리더십, 감성리더십, 유머(펀)경영이 상당히 설득력을 얻고 있습니다. 이는 다니엘 핑크 등의 미래학자들이 주장하였던 하이컨셉, 하이터치라는 감성시대가 도래한 것을 증명하는 것입니다.

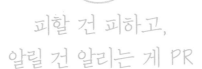

# 피할 건 피하고,
# 알릴 건 알리는 게 PR

우리나라 사람들은 자기 PR에 서툽니다.

같은 맥락에서 특히 우리나라 공무원들은 PT에 서툽니다.

자신의 장점을, 우리 부처의 성과를, 계획을, 남에게 또는 국민들에게 잘 알리고 이해시켜야 상사로부터, 국민들로부터 칭찬을 받고 또 성원을 얻어 더 큰 성과를 거둘 수 있지 않겠습니까?

PR은 Public Relation 곧 공공에 대한 소통입니다.

공공과 유리된 정책은 성공할 수 없습니다. PR의 달인이 되십시오.

그런데 하나 주의할 것은, PR이라고 모든 것을 다 알리는 것만이 능사는 아닙니다.

PR이란 피할 건 피하고, 알린 건 알려야 한다는 말씀입니다.

진리 속에 유머가 있고, 유머 속에 진리가 있습니다.

## 02

## 산신령이 기가 막혀

으레 계곡에 가면 무엇인가 귀중품을 빠뜨리게 마련이고, 이때 틀림없이 산신령이 나타나게 마련이지요. 처음에는 착한 사람이, 그다음에는 이 소식을 들은 나쁜 사람이 등장하고요.

착한 사람 이야기는 심심하니, 건너뛰고 나쁜 사람 이야기만 하기로 합시다.

참, 어떤 사람이 나쁜 사람인가요? '나'뿐이라고 생각하는 사람이 나쁜 사람입니다.

일언이폐지왈—言以蔽之曰

미국의 계곡에서 한국의 한 사나이가 일행과 떨어져 미역을 감는데, 예의 그 산신령이 나타나서 묻더래요.

"이 거시기 분리형 팬티가 네 팬티냐?"

"아닙니다."

"그럼 이 정력 팬티가 네 팬티냐?"

"그것도 아닙니다."

"오 착하구나. 그럼 이 평범한 사각팬티가 네 팬티냐?"

"그것도 아닙니다."

"그럼 도대체 네 팬티는 어떤 팬티란 말이냐?"

"저는 노팬티올시다."

아~ 그래서 구중궁궐 한밤중에 임금 한 분이 궁녀들만 득시글거리는 대궐에 근무하는 내관을 내시로 임명한 이유가 있었구나.

**돌발 퀴즈 — 씨 없는 감은?**

Q. 말랑말랑한 감은? 연시

반쯤 굳은 감은? 반시

딱딱한 감은? 건시

그러~면, 씨 없는 감은?

A. 내시입니다.

**응용 퀴즈 — 내시 조합이 없는 이유**

Q. 서울시를 비롯해 조합 결성 열풍이 불고 있습니다. 문화예술조합, 구두미화원조합은 물론, 역술인조합까지 생기는 판에 유독 내시조합만 없다는 군요. 왜 그럴까~요?

첫째, 조합을 결성하려면 발기인이 있어야 하는데, 내시들은 발기가 안 되기 때문이구요.

둘째, 조합을 결성하려면 정관이 있어야 하는데, 내시들은 정관이 없기 때문이구요.

셋째, 조합을 결성하려면 많은 난관을 극복해야 하는데, 내시들은 난관을 헤쳐 나가지 못하기 때문이구요.

넷째, 설혹 조합을 결성하더라도, 조합의 설립 목적에 반하는 행위를 하는 조합원은 과감히 사정을 해야 하는데, 내시들은 사정을 못 하기 때문이래~요.

## 03
## 산신령도 기가 막혀

계곡에서 아름다운 여인이 미역을 다 감고는 울고 있더래요.
119보다 빠르게 산신령이 나타나 물었습니다.

"왜 그렇게 슬피 울고 있느냐?"

"예, 제 브래지어를 빠뜨렸습니다."

"그럼 이 다단계에서 산 '사이즈 기억 형성 브래지어'가 네 브래
지어냐?"

"오~ 예, 제 브래지어입니다."

"그럼 이 '체형 보정용 브래지어'는 누구 것이란 말이냐?"

"오~ 예, 그것도 제 브래지어입니다."

"그럼 이 뽕이 달린 브래지어는 누구 것이란 말이냐?"

"오~ 예, 그것도 제 브래지어입니다."

"그것 참 이상하다?"

"아니 뭐가 이상하다는 말씀인가요?"

"그럼 너는 가슴이 6개란 말이냐?"


북한에서는 브래지어를 구분해서 부른다나요?

나이 든 아주머니 브래지어는 '젖가리개'이고, 아기가 있는 새댁 브래지어는 '아기 밥상 덮개'랍니다.

참고로 남자팬티는 '고추 잠자리'래~요.

브래지어 얘기가 나왔으니, 유방암breast cancer에 대해 알아보도록 하지요.

하버드 대학의 연구에 의하면 지금까지 알려진 것과는 달리 유방암이 유전적 요인으로 인해 발병할 확률은 거의 없는 것으로 밝혀졌습니다. 그 대신 비타민A 부족이나 지나친 음주가 발병 원인으로 의심받고 있대요.

어쨌든 최선의 대책은 조기발견이니, 꼭 건강검진 받으시며 엑스레이 촬영하는 선생님께 부탁말씀 드리세요.

"예쁘게 찍어주세요~^^"

# 선녀와 산신령

선녀가 계곡에서 목욕을 하는데 갑자기 산신령이 나타나, 멋있다는 표시로 엄지손가락을 세워 보이며 씩 웃는 게 아니겠어요.

**산신령:** 네 옷은 내 손안에 있느니라.

(깜짝 놀란 선녀가 급히 두 손으로 아래를 가렸다.)

**산신령:** 가슴이 다 보이느니라.

(당황한 선녀가 얼른 두 손으로 가슴을 가렸다.)

**산신령:** 이제 볼 건 다 보았느니라.

엄지손가락이 다른 네 개의 손가락과 붙어 있지 않고 독립되어 움직이는 동물은 인간뿐이에요. 엄지손가락의 독립으로 인해 비로소 삼차원의 감각이 부여된 것이지요.

엄지손가락은 의지나 의사, 의식의 가장 민감한 대변자이니, 최고·제일을 나타낼 때 엄지손가락을 세우는 것도 이런 이치입니다.

# 05

# 선녀와 나무꾼

나무꾼에게 당하기만 하던 선녀가 이번에는 목욕하는 나무꾼의 옷을 감췄대요. 나무꾼이 미역을 다 감고 옷을 입으려는데 옷이 온데간데없는 것이 아니겠어요. 이때 등장한 선녀!

나무꾼이 엉겁결에 물바가지로 중요 부분을 가리자 하는 말,

"손 빼!"

손을 뺐는데도 옷 벗은 선녀를 보고 흥분한 나무꾼 거시기에 바가지가 걸려 있자, 선녀가 다시 하시는 말씀.

"힘 빼!"

선녀와 나무꾼의 입장이 바뀐 경우이지요.

영원한 '갑'과 '을'은 없습니다. 따뜻한 햇볕을 쬐고 있을 때 그늘에 있는 사람을 생각하고 배려해야 합니다. 양지와 음지는 바뀌니까요.

나무꾼처럼 남을 곤경에 빠뜨리다 보면, 처지가 바뀌었을 때 자신도 같은 곤경에 처하게 되는 것을 부메랑이 되어 돌아왔다고 하지요.

# 입으로 먹고사는 사람들

입으로 먹고사는 직업을 꼽자면 우선 떠오르는 것이 대변인, 교수, 가수, 성우 등이지요.

오래전 필자가 허스키한 보이스로 〈당신은 안개였나요?〉를 부른 가수 이미배 씨를 작은 공연에 초청해 베사메무쵸(나에게 더 많은 키스를 해주세요)를 감상하고 있었는데, 연대를 나온 치과의사인 형님이 "발음이 좀~" 하며 사족蛇足을 달자,
"선배님, 같이 입으로 먹고사는 사람들끼리 그러지 맙시다!"

사족을 더 달자면 당시 이미배 씨와 양희은 씨가 다니던 경기여고 음악 선생님이 〈추풍령 고개〉, 〈고향의 강〉, 〈산포도 처녀〉를 부른 가수 남상규 선배의 친형님인 남상운 선생이랍니다.

'입' 하면 떠오르는 동물은 역시 개구리지요.
개구리가 입 좀 크다고 나대다가 큰코다치는 장면을 같이 감상하실까요?

## 07
## 잘난 척 맙시다

순천에서 인물 자랑 말고, 여수에서 돈 자랑 말고, 벌교에서 주먹 자랑 말라는 말이 있는데, 입 크기 자랑하면 역시 개구리를 빼놓을 수 없겠지요.

세상에서 자기 입이 가장 큰 줄 알고 기고만장氣高萬丈한 개구리가 목욕탕에 들어가면서 큰소리로 외쳤습니다.

"입이 가장 큰 놈 나와봐라. 지는 놈이 때 밀어주기다."

주위가 기가 죽어 조용한데, 탕 속에서 요란한 물소리를 내며 하마가 나오더래요.

개구리는 녹초가 되도록 하마 때를 밀어주다가, 주인이 목욕탕 문을 닫는 바람에 간신히 빠져나왔대요.

다음 날, 이제는 내 적수가 없겠지 하고, 또 그 목욕탕에 나타나 "입이 가장 큰 놈 나와 봐! 지는 놈이 때 밀어주기다."

이번에는 탕 속에서 더 요란한 물소리를 내며 악어가 나타나는 것이었어요.

그날 밤 구세주도 목욕탕 주인이었음은 불문가지不問可知였지요.

자신의 입 크기에 대해 콤플렉스에 빠진 개구리는 강남 압구정 동 성형외과에 가서 입이 귀까지 닿도록 성형수술을 했대요.

드디어 상처가 아물자 만족한 개구리는 복수를 하러 다시 그 목욕탕을 찾았습니다.

아~ 그런데, 그런데 출입구에 이런 안내문이 붙어 있는 거예요.

"내부수리 관계로 휴업합니다. 주인 白"

개구리 얘기 재미있나요? 하나 추가요!

# 08

## 야, 너 뭐야?

한여름 개구리들이 모두 홀딱 벗고 미역을 감고 있는데, 한 놈만 팬티 바람으로 어슬렁대더래요.

평소 눈에 거슬리는 꼴을 못 보던 입바른 소리 잘하는 개구리가

"야 임마! 넌 뭔데 혼자 팬티를 입고 있는 거야?"

따지듯 물으니, 그 개구리 하는 말.

"저 때밀이예요~"

## 09
### 입 큰 가족

개구리가 여권 사진을 찍으러 사진관에 가려 하니 엄마 개구리가
"자고이래自古以來로 우리 집안은 입이 쪼까 크니라. 그러니 사진
촬영할 때 플래시가 '퍽!' 터지거든 '신도림' 하고 찍으면, 입이 작
게 나온단다." 하고 일러주셨대요.

그런데 막상 사진 촬영할 때 갑자기 '신도림'이 생각나지 않는
거예요.
"엄마가 '신' 뭐라고 하셨는데… '신', '신' 뭐더라?"
드디어 플래시가 '퍽!' 터지는 순간 그만 나온다는 게

"신대~방~"

# 10

## 서울 토박이말과 만담

 

토박이란 본토박이의 준말로, 대대로 그 땅에서 태어나 붙박이로 사는 사람을 가리키는 말입니다.

필자의 조부 장성규, 선친 장소팔도 서울 사대문 안, 지금의 인사동 사거리 덕원미술관 자리에서 태어나셨대요.

이후 그 자리는 호마이카 장롱으로 장안에서 유명했던 동일가구백화점을 거쳐, 문화방송국(라디오)이 정동으로 이전하면서 덕원미술관이 들어선 곳이지요.

 

그런 연고로 필자도 62세 어린 나이(?)에 서울토박이 중구회장 직무대행을 맡고 있답니다.

서울토박이회는 이원종 서울시장 당시, 서울 정도定都 600년을 기념해 토박이를 발굴해 사단법인으로 설립된 단체입니다. 애초에는 사대문 안에서 100년 이상 대대로 산 토박이로 국한하였다가, 너무 수효가 적어 현재 주민등록지상 서울에서 태어나 3대 이상 살아온 분과 그 자손을 서울토박이로 공인하고 있습니다.

그런데 우리나라의 표준어는 '교양있는 사람들이 두루 쓰는 현

Humor

대 서울말'로 규정하고 있으니, 서울토박이가 쓰는 말은 표준어 무형문화재입니다. 그래서 필자도 조선일보사와 어문학회가 공동 주관한 서울 토박이말 경연대회에서 심사를 맡은 적이 있습니다.

필자가 만담을 서울시 무형문화재로 지정받으려 백방百方으로 노력하는 이유는 이렇습니다.

국어대사전에서는 만담漫談을 '우습고 재미있게 세상과 인정을 비판하고 풍자하는 이야기'라고 정의하고 있는데, 만담의 시조 박춘재 선생이 공평동에서 태어나 고종황제 때 가무별감을 지내셨고, 그의 제자이자 국민만담가 장소팔(본명; 장세건張世建) 선생, 그의 후계자 장광팔(본명; 장광혁張光赫)이 서울 토박이이니, 만담은 100년을 이어온 서울말의, 그것도 사대문 안의 표준말의 원전原典이자 보고寶庫이므로 서울 무형문화재로서 가치가 있기 때문입니다.

## 가가가가가?

　이런 말도 안 되는 말도 정확히 이해하는 민족이 우리 한민족입
니다.
　가(그 애)가 가(그때 얘기했던 그 애)가(란) 가(말이지)?
　경상도에 계신 아버지에게 신붓감을 데려오면,
　눈과 입을 동시에 크게 뜨고 벌리고 하시는 아버지의 일성—聲입
니다.

　'가'가 다섯 번 반복되는데, 번호를 매기면 '1번 가'는 길게, '2번
가'는 짧게, '3번 가'부터 '4번가', '5번가'까지는 점층적으로 속도
를 빠르게, 또 점층적으로 음정을 높이면서 발음해야만 정확한 의
미가 전달됩니다.

## 경상도 토박이말

경상도란 원래 경주慶州와 상주尚州에서 첫 자를 따온 것이니, 경주는 그렇다손 치고 왕년의 상주도 엄청나게 큰 고을임에 틀림없습니다.

서울토박이말에 대해서는 전술前述한 바 있고, 문화일보 인터넷 유머란에 경상도 토박이말 검증시험 문제가 유출된 적이 있어 경상도 사나이들의 사기 진작을 위하여 전재轉載하오니 해량海諒하여 주시옵소서.

### 1. 발까 주차뿔라

① 밖에 주차했니?  ② 밖에 주차하세요

③ 발로 주차했니?  ④ 발로 차버릴까 보다

### 2. 맥지 이캐났네

① 괜히 이렇게 해났네  ② 보기 좋게 이렇게 해났네

③ 재빨리 이렇게 해났네  ④ 겨우 이렇게 해났네

### 3. 아가 와그래 깰받노?

① 애가 왜그리 덤벙대니?　　② 애가 왜그리 게으르니?

③ 애가 왜그리 재미있니?　　④ 애가 왜그리 바보같니?


### 4. 인자 마카 다 언서시랩다

① 이젠 모두 다 부끄럽다　　② 이젠 모두 다 지긋지긋하다

③ 이젠 점점 힘들다　　　④ 이젠 점점 부끄럽다


### 5. 이거 낑가가 공가놔라

① 이거 들어서 받쳐놔라　　② 이거 들어서 올려놔라

③ 이거 끼워서 올려놔라　　④ 이거 끼워서 받쳐놔라


### 6. 아구 샤구랍어래이~

① 아이구 셔　　　　　② 아이구 쉬워

③ 아이구 힘들어　　　④ 아이구 잠 와


### 7. 단디 해라이

① 요령껏 하거라　　　② 대충 하거라

③ 제대로 하거라　　　④ 빨리 하거라


### 8. 발까 이래이래이래 민때라

① 발로 이렇게 표시해라　　② 발로 이렇게 문질러라

③ 밖에 이렇게 물어보아라 　　④ 밖에 이렇게 말해라

〈정답〉

1.④　2.①　3.②　4.②　5.④　6.①　7.③　8.②

# 13

# 소싯적(少時-)을 만나는
# 종삼(鍾三)

종로3가를 종삼이라 부르던 시절, 그곳에 가면 몸을 파는 누이들을 만날 수 있었습니다. 왕년往年에 한가락 하던, 소싯적少時-종삼鍾三은 향수鄕愁 묻어 나오는 곳이었지요. 지금도 종로3가鍾三에 가면 그 시절을 만날 수 있습니다. 고장 난 벽시계 속의 세상이지요.

구두 광택 1,000원, 헤어커트 1,000원, 염색 3,000원, 추어탕 2,000원, 카세트테이프, 19금禁 문화영화 CD, 두꺼비 기름, 호랑이 연고….

그리고 또 원로 연예인 모임 상록회 안에서 마작으로 소일하시는 〈빨간 마후라〉의 마담 윤인자 아줌마, 전국 노래자랑의 송해 아저씨….
그런데 뚱뚱이 양훈, 홀쭉이 양석천 아저씨, 영원한 청년 최무룡 아저씨는 돌아가셨으니 그렇다 치고, 동아방송의 〈아차부인

재치부인〉극작가 이묵은 아저씨는 왜 안 보이시는지?

얼마 전 극장 쇼의 명사회자 김정남 아저씨, 왔다리 갔다리 춤의 남철 아저씨, 그리고 97세의 배뱅이굿 국가주요무형문화재 이은관 아저씨도 하늘관 공연장에서 만담을 하고 계시는 선친 장소팔 선생을 만나러 떠나셨답니다.


또 파고다 공원 뒷담길에서 검은 안경을 쓰고 점占을 쳐주다 갑자기 소나기가 쏟아지면 검은 안경을 벗어 가다마이양복 윗주머니에 쑤셔 넣고 뛰어가던 가짜 봉사奉事(시각장애인) 아저씨들도 하이칼라high color(신식) 텐트의 타로 점쟁이들에게 쫓겨나 '돌아오지 않는 해병'처럼 보이질 않네요.

## 14

# 꽁치, 삼치, 준치, 가물치, 멸치…, 눈치

　어떻게 해서든 대학만 들여보내면 된다는 일념에, 어머니까지 파출부로 나서 교육비를 대지만, 명문대학 교문 통과하기는 바늘귀에 김밥을 통과시키기보다 어렵고, 설령 원하던 대학을 나와도 또 취업이 문제지요, 취업이!

　법대를 나와도 법대로 되는 게 하나도 없고

　상대를 나와도 상대도 안 해주고

　영문과를 나와도 영문도 모르고 서류심사에서 떨어지는 실정입니다.

　현실이 이러하니 인성교육은 꿈에도 못 꾸고, 그렇다고 경쟁사회에서 수백만 학생, 수백만 졸업생 모두가 1등을 할 수는 없는 일이고, 낙오자는 사회의 아웃사이더가 되기 십상이지요.

　OECD 8년째 자살률 1위, 한 해 15,000명 1개 사단병력이 목숨을 끊는 비정한 사회입니다.

　직장에 들어가도 경쟁이 얼마나 심해요? 결혼비용은 또 어떻구요?

　혼수 문제로 청첩장 다 돌리고 결혼 전날 파혼하는 경우까지
있다니….


　결혼까지 잘~해도, 보~통 사람은 박봉에 상사 눈치 보랴,

　내 집 마련하느라 주택정책 눈치 보랴,

　교육정책 눈치 보랴,

　마누라 눈치 보랴,

　이제는 장모 눈치까지 봐야 하니,

　어물전에 꽁치, 삼치, 준치, 가물치, 멸치 외에 눈치가 등장하지
않을까 생각 듭니다.


　아이구, 갈치가 하나 빠졌네요.

# 15

## 건달(乾達)

참 재미있는 말입니다. 마를 건乾 즉 가진 것은 없는데, 달할 달達 온갖 일은 다 한다는 뜻이지요.

국어사전에서는 일정한 주소나 직업도 없이 관계없는 일에 잘 덤비고 풍風을 치며 돌아다니는 사람을 일컫는 말로 정의하고 있으니, 딱 필자를 가리키는 말 같아 가슴이 찔립니다.

또 다른 의미로는, 아무 가진 것도 없이 난봉(순우리말로 허랑방탕한 짓을 하는 사람으로 왈자(日者)라고도 함)을 부리고 돌아다니는 사람을 일컫는 말로, 건설방 또는 놈팡이라고도 한답니다.

참 재미있는 떡 이름 중에 건달떡이라는 것이 있는데, 다른 말로는 오입쟁이떡誤入—이라고도 부른답니다.

대추·밤·석이石耳(버섯)의 채친 것을 얹어서, 찰전병을 넓고 모지게 부친 다음, 넓이가 한 치가량 되게 썰고, 다시 그것을 어슷비슷하게 네모지게 썰어서 설탕·계피 가루를 뿌려 잰 웃기떡을 가리킵니다.

글로 치자면 미사여구 투성이의 실없는 글을 가리키는 것이지요.
이와 어슷비슷한 말로 백수가 있는데, 별도로 다루겠습니다.


참, 오입誤入쟁이도 재미있는 말이에요.
오입誤入, 잘못 넣었다는 뜻이지요.
뭘, 어디다 잘못 넣었냐구요?
자세히 설명하면 좋을 것 같지만, 그건 오산誤算이에요.

# 백수(白手)

백수건달白手乾達이 본딧말로, 아무것도 없는 멀쩡한 건달을 가리키는 말이나, 시쳇말로는 실업자를 지칭합니다. 여성 실업자는 우아하게 백조白鳥라 부른다지요.

백수白手는 문자대로 보면 흰 손, 노동을 안 한 손, 곧 인텔리겐치아inteligentzia(러시아어), 즉 지적 노동에 종사하는 사람을 가리키는 말인데, 세상이 수상殊常하여 어쩌다 실업자의 뜻으로 쓰이게 되었군요.

빌 게이츠는 스케줄에 따라 시간관리를 철저히 하여, 자기 일을 열심히 하면서 자선행사에도 참석하고 재충전의 여가를 유용하게 보냅니다.

그런데 문제는 백수예요.

스케줄이 없는 백수처럼 찾는 사람도 많고, 바쁜 사람도 없습니다.

그래서 이런 말이 생겼어요.

'백수가 과로로 쓰러진다.'

제 스케줄 수첩을 보면 사실이라니까요.


빌 게이츠 이야기가 나온 김에 농담 한마디 할까요.

천하의 빌 게이츠가 결혼을 하니까 호사가好事家들의 관심은 과연 빌 게이츠의 밤일은 어떨까 궁금했던 모양이에요.

이를 대변하는 yellow paper 기자가 그의 부인에게 묻자


"micro & soft!"

# '몸이 살려주세요'
## — 몸살

몸살이란 몸이 살려주세요! 하는 SOS이니까, 이때는 푹~ 쉬셔야 합니다.

감기몸살은 약을 안 먹고 버티면 7일이나 앓지만, 약을 먹으면 1주일이면 낫습니다.

몸살·감기약이 수없이 많은 것은, 몸살·감기약이 없다는 증거입니다.

만인의 애인은 한 사람의 애인도 없는 법이지요.

이별의 후유증으로 몸살을 앓고 계시다고요?

눈에 콩깍지가 씌어있을 때는, 그 사람의 좋은 면만 보이고, 나쁜 면까지 매력으로 보이지요. 그 사람 없이는 못 살 것 같아, 헤어질 때 몸살을 앓지만, 지나고 보면 별사람 아니거든요.

달라이라마의 말마따나, 해결될 일이라면 걱정할 필요가 없는 것이고, 해결되지 않을 일이라면 걱정해도 아무 소용이 없는 것입니다.

# 얼의 굴

얼굴이란 얼이 들어있는 굴이란 말입니다.

그래서 사색이 다 된 얼굴을 보면 "아니 왜 얼빠진 얼굴을 하고 있어?" 하는 겁니다.

성형외과에 가서 굴(피부)만 당기지 마시고, 책을 읽어 느슨해진 '얼'을 팽팽하게 당기세요.

얼은 혼魂이라고도 하며 '혼 줄을 놓으면' 이승을 떠나는 겁니다.

그래서 '혼쭐나다'라는 말은 '몹시 혼나다'라는 말로도 쓰이는 게지요.

다들 '굴'만 가꾸고 '얼'을 가꾸지 않으면, 혼쭐날 줄 아세요.

# 19

## 여성과 형님!

부드러움 하면 역시 여성의 상징어인데,

보너스로 여성 중 아가씨와 아주머니의 구별법에 대해 알려드릴게요.

첫째 약속장소에서 조용히 손들어 "여기요~" 하며 작게 말하면 언니고,

큰소리로 "형님!" 하고 외치면 아줌마예요.

헤어숍에서 "무조건 제 얼굴에 맞게 예쁘게 해 주세요." 하면 언니고,

미장원에서 "무조건 오래가게 해줘~!" 하면 아줌마예요.

여탕 휴게실에서 수건을 몸에 감으면 언니고,

수건을 머리에 감으면 아줌마예요.

골반바지를 입고 살이 드러나도 태연하면 언니고,

자꾸 바지를 치켜 올리면 아줌마예요.

보너스 Ⅱ! 아줌마와 조폭의 공통점을 알려드리지요.

첫째는 둘 다 떼 지어 몰려다니는 경향이 있습니다.

둘 다 형님이랑 호칭을 자주 씁니다.

둘 다 대체로 칼을 잘 씁니다.

둘 다 제 식구들은 남 눈치 안 보고 끔찍이 챙깁니다.

## 도루묵

도루묵은 해저 깊은 곳의 모래나 펄에 서식하는데, 초겨울이 되면 알을 낳기 위해 해조류가 많고 물이 얕은 해안으로 몰려듭니다.

정월이면 강릉과 주문진 등에서는 알밴 도루묵을 쉽게 잡을 수 있습니다.

그래서 동해안 일대 방파제에는 강태공들이 미끼도 없는 낚시를 드리워 도루묵을 낚고, 어떤 이들은 아예 뜰채로 건져 올릴 정도라는군요.

저는 도루묵찌개도 좋아하지만, 무 얇게 저며 넣고 삼삼하게 졸인 걸 좋아합니다. 살도 살이지만 소주 한 잔에 톡! 톡! 터지는 도루묵 알 씹는 맛이 일품이지요.

예전에는 도루묵을 트럭에 싣고 다니면서 삽으로 퍼서 팔 만큼 강릉 주문진 등에서는 아주 흔한 생선이었지요. 그러던 것이 남획과 기후, 해류 등의 변화로 1990년대 들어 급감해 한동안 자원보호 대상 어족으로 지정되기까지 했답니다.

그 후 강릉수협 등에서 도루묵 치어를 방류하고 산란장 근처에서의 조업을 금지시키는 등 도루묵 보호 작전을 펴서 이제는 도루묵이 예전만은 못해도 많이 잡힙니다. 그러나 과유불급過猶不及이라, 산지가격이 급락해 어부들과 현지 판매상들이 한숨을 짓게 되었답니다.

많이 잡혀도 말짱 도루묵이네!

# 환목어(還目魚)

　도루묵은 한자어로 돌아올 환還 자에, 눈 목目 자, 그리고 고기 어魚 자, 환목어가 우리말로 표기하면 도로목인데, 이것이 도루묵으로 변한 거예요.

　조선조 인조 때 대사헌과 이조판서를 지낸 택당 이식李植 선생이 남긴 택당집澤堂集에 〈환목어〉라는 시가 전해 내려오는데, 도루묵의 내력을 재미있게 표현하고 있습니다.

　한문으로 된 글을 이상현 선생이 국역한 노작勞作인데 고마운 마음을 표하며, 옮겨 적습니다.


　목어라 부르는 물고기가 있었는데 / 해산물 가운데서 품질이 낮은 거라 / 번지르르 기름진 고기도 아닌 데다 / 그 모양새도 볼 만한 게 없었다네 / 그래도 씹어 보면 그 맛이 담백하여 / 겨울철 술안주론 그런대로 괜찮았지


　전에 임금이 난리 피해 오시어 / 이 해변에서 고초를 겪으실 때 / 목어가 마침 수라상에 올라와 / 허기진 배를 든든하게 해드렸지 /

그러자 '은어'라 이름을 하사하고 / 길이 특산물로 바치게 하셨다네

난리 끝나 임금이 서울로 돌아온 뒤 / 수라상에 진수성찬 서로 들 뽐낼 적에 / 불쌍한 이 고기도 그 사이에 끼었는데 / 맛보시는 은총을 한 번도 못 받았네 / 이름이 삭탈되어 '도로 목'어로 떨어 져서 / 순식간에 버린 물건 푸대접을 당했다네

잘나고 못난 것이 자기와는 상관없고 / 귀하고 천한 것은 때에 따라 달라지지 / 이름은 그저 겉치레에 불과한 것 / 버림을 받은 것이 그대 탓이 아니라네 / 넓고 넓은 저 푸른 바다 깊은 곳에 / 유유자적하는 것이 그대 모습 아니겠나

## 22

## 장발장! 그리고 도루묵!

살아가다 보면, 귀하고 천한 것은 때에 따라 달라지고, 이름은 그저 겉치레에 불과하다는 것을 절절히 깨닫게 됩니다.

당구장에서는 당구 500 치는 고수가 신과 같아 보이고, 노름판에서는 타짜가, 카바레에서는 물 찬 제비가, 바람났을 때에는 작업의 고수가 그렇게 부러울 수 없죠. 또 정치판에서 대통령 눈에 든 친구, 연예계에서 잘 팔리는 후배, 심지어 학교 다닐 때 천재소리 듣던 친구가 시기심 나게 부러웠지만, 다른 물에서 만나면, 더욱이 시간이 지나고 나면 다 부질없는 짓이었다는 걸 깨닫게 되지요.

이식 선생의 시 〈환목어〉의 이상현 선생 국역본을 장광팔이 평석하자면,

인조 임금께서 신의주로 피난을 가셨는데, 드실 것이 마땅치 않자 아랫것들이 그나마 비린내 덜 나는 이름 없는 잡어를 구해 올

렸다네.

피난 도중에 생선 한 번 못 먹던 임금께서 너무 맛있게 자신 후 생선이름을 묻자, 눈이 유난히 툭 튀어나와 무심코 눈 목자 "목어" 라고 일렀다는 것인데,

임금께서는 이렇게 맛있는 생선 이름이 '목어'라니 가당치 않다 며, 생선 배에서 은빛이 감도니 '은어'라 부르게 하셨다.

졸지에 목어가 은어로 신분 상승을 했는데, 임금이 피난을 끝내 고 환궁하여 수라상에 오른 은어를 맛보시고는 인상을 찌푸리시 더라.

먹을 것이 궁했던 피난처에서야 혀에 살살 녹던 생선이건만, 산 해진미에 상다리가 휘어지는데, 은어가 임금의 혀에 기별이나 갔 겠는가.


"장발장!" 이라고 외치는 자베르 경감처럼, 임금이 내뱉은 말씀, "도로 목"이라고 하라!

그리하여 원래 이름 목어도 아니고 '도로'까지 붙어 지어진, 이 름 하여 도루묵!


이게 세상인심이지요.

세상 사람들이 동경하는 정계·연예계·스포츠계에서는 비일비 재非—非再한 일이지요.

# 글로벌
# 기업환경과
# 감성유머

Humor Leadership In Communication

## 세계화와 기업환경의 변화

1990년대 들어서면서 우리나라는 세계화globalization라는 용어가 정부나 기업, 학교는 물론이고 가는 곳곳마다 유행처럼 번졌습니다. 그러다가 1990년대 후반부터는 아예 영어로 '글로벌'이라는 단어를 사용하면서 현재에 이르고 있습니다.

그 당시 기업들은 세계화에 발맞춰 삼성을 필두로 자사 브랜드 가치를 높이기 위해 대대적으로 기업통합이미지CI 작업을 새롭게renewing 하기 시작했습니다.

삼성은 이건희 회장 시대를 맞아 '제2의 삼성'을 꿈꾸며 그동안 제각각이었던 수십 개의 계열사 로고를 1993년에 지금 사용하고 있는 파란색 기울어진 타원형 안에 영어 대문자 SAMSUNG을 넣어, 심플하면서도 인지하기 쉬운 하나의 기업이미지 통합 전략을 구축하였습니다. 그

뒤를 이어 그때까지 럭키금성이었던 LG도 1995년에 세계적인 기업들과 견줄 만한 강력하고 선명한 기업 아이덴티티corporate identity 확보를 위해 LG로 변경하면서 기업이미지 통합을 단행하였습니다.

그밖에 선경은 SK, 한국화약은 한화, 제일제당은 CJ로 바뀠습니다. 그 외에도 많은 기업들이 그 무렵부터 IBM의 네이밍 전략의 성공적인 사례를 보며, 긴 회사 이름을 약칭하는 CI 작업을 하기 시작했습니다.

이렇듯 세계화라는 물결의 흐름을 타고 국내 기업들은 글로벌 기업으로 성장하기 위해 막대한 R&D 투자를 하여 세계적인 제품을 개발하였고, 현재 우리나라의 대표 기업들은 거의 세계 1위나 2위를 차지하는 상품들을 세계 시장에서 판매할 수 있게 되었습니다. CI 기업통합 전략은 성공하였고, 코리아는 몰라도 삼성과 LG는 다 안다는 말이 나올 정도입니다. 그 결과 우리나라의 경제는 놀라운 폭풍 성장으로 세계 8위의 경제 대국에 올라섰습니다. 물론 대기업의 수출 비중이 편중된 단점은 있지만, 작은 나라로서 대단한 일이 아닐 수 없습니다.

한편 21세기에 진입하면서 창의와 혁신이라는 화두가 기업마다 대두되었습니다. 이러한 때에 애플의 고故 스티브 잡스는 디자인을 IT에 결합한 아이팟에 이어 아이폰을 내놓으면서 세상을 놀라게 하며 원터치 스마트폰 시대를 열어, 창의의 아이콘이라는 별칭을 듣는 영웅이 되었습니다.

## 감성유머의 경제적 가치

그렇다면 공감을 창출해 내는 감성유머와 하이터치경영은 화폐경제와 어떤 상관관계가 있을까요? 하이터치경영이란 고감도 감성을 통한 경영으로 감동과 사랑을 전하며 경영성과를 달성하는 것입니다. 감성경영과 일맥상통하면서도 약간 차이가 있는데, 그것은 융합경영이기 때문입니다. 부드러운 조직 분위기로 감성문화를 만들어내면서 어떤 사안에 대해서는 끊임없이 협상과 열린 소통으로 설득될 때까지 설득하는 과정을 통해 깊은 유대감을 강화시키는 경영을 할 수 있습니다. 이러한 아름다운 감성유머를 생산하고 사용하는 유머센스는 고도의 창의력이 요구됩니다. 이것은 감성과 창조경영시대의 두뇌산업 활동이라고도 표현할 수 있습니다.

이와 같은 일련의 하이터치경영 활동이 감성유머라는 비화폐경제를 사용하지만, 감성유머의 가치와 역량은 하이터치경영 활동을 통해서 셀 수 있고, 볼 수 있는 엄청난 화폐경제가치로 변환될 수 있으리라고 사료됩니다.

## 글로벌 기업환경과 감성유머

이즈음 많은 나라들이 경제·사회적 문제나 해양·영공 분쟁 등 국가 간 갈등으로 몸살을 앓고 있습니다. 2013년 10월엔 미국의회의 민주·공화 양당이 부채한도 증액 협상을 이끌어 내지 못하고 예산안 통과기

일을 넘겨 셧다운 사태와 기술적 국가 디폴트 위기를 맞았었습니다. 가까스로 위기를 모면하는 사상 초유의 사태가 발생했었는데, 이것은 한 나라의 일로 국한되지 않습니다. 주식시장과 채권시장, 선물시장 등은 전 세계가 모두 연동되어 반응하기 때문입니다. 그래서 제조업 기반의 성장은 약화되고, 실질성장률 지표가 낮아도 금융투자에 의한 주가를 상승시키려는 신기루 같은 머니게임이 벌어지는 것입니다.

이처럼 글로벌화된 기업환경은 급속한 변화의 물결 속에서 많은 기업들이 지속가능 경영을 추구하면서 초일류기업을 향한 치열한 경쟁 분위기에서 일하고 있습니다. 그래서 많은 조직구성원들은 스트레스와 피로에 노출되어 있는 실정입니다. 이처럼 기업을 둘러싼 내·외부의 경쟁적 불안정한 환경에서 일하며 살고 있는 우리에게는 자극과 반응의 중간지대에 들어갈 완충재가 절실히 필요합니다. 그 완충재로서의 작용을 해주는 것 중의 큰 비중을 차지하는 것이 바로 감성유머인 것입니다.


스트레스로 경직된 업무환경 속에서 지나치게 논리적이고 이성적인 진지함은 사회생활이나 일상생활에 오히려 부정적인 효과를 가져 올 수 있습니다.

그러나 감성유머는 마음을 부드럽게 풀어주고 인상을 밝게 펴주며 보이는 현상까지 밝게 바꿔주는 힘이 있습니다. 따라서 우리는 업무적으로나 일상생활에서 스트레스를 받을 때 마음의 여유를 가질 수 있는 화사한 웃음을 연출함으로써, 나 자신을 둘러싼 주변 분위기를 긍정의 분위기로 환하게 바꾸는 감성유머 센스를 길러야 합니다. 그러려면 관찰과 연습을 통해 습관화되도록 모든 사물에 주의를 기울이며, 긍정 프레임으로 시각을 바꾸고 발상의 전환을 해야 합니다. 그러한 긍정적 토양과 다양한 노력에 의해 참신한 유머가 창조되고, 이 창조된 유머를 사용할 때 비로소 비화폐적가치가 화폐적가치로 전환되는 커다란 성과가 창출될 것입니다.

지금까지 살펴본 결과로서 하이컨셉, 하이터치 시대에 부합된 긍정적이고 창의적이면서 감성을 만져주는 유머야말로 갈수록 메말라가는 사회환경 속에 상황이 어둡고 좋지 않은 시기일수록 더욱 빛을 발하는 소중한 자산이라는 것을 확신합니다.

## 돈맥경화

우리 몸도 피가 통하지 않으면 그 무서운 동맥경화에 걸리는데, 이것보다 더 무서운 현상은 돈이 통하지 않으면 걸리는 돈맥경화 현상입니다.

돈 얘기 나온 김에 돈에 관한 퀴즈 하나 낼게요.
맞추신 분께는 3박 4일 홍콩여행!

안내 책자를 드리겠습니다.

**미국 화폐는 달러, 일본 화폐는 엔화, 유럽 화폐는 유로화, 그러면 호주의 화폐는?**

정답은?
호주머니입니다.

# 치명적 유혹, 돈

저는 어떤 여자를 좋아하느냐?

저는 주관이 뚜렷한 남자입니다.

저는 돈 많은 여자 안 좋아합니다. 예쁜 여자도 안 좋아합니다.

저는 그저 방~금 만난 여자를 좋아합니다.

저도 자본주의 사회에서 돈으로 안 되는 일은 거의 없다는 사실을 인정합니다. 그러나 실은 돈으로 살 수 있는 것은 거의 없다는 사실 또한, 한동안 인터넷을 달궜던 아래의 네덜란드 명언을 인용하면서 인정해야 합니다.

돈으로 집은 살 수 있어도, 가정은 살 수 없고…

그래도 3D(쓰리디) 영상매체 시대에 3D(삼디) 업종인 시(詩)와 살다 쉰 살 동갑내기 제자에게 장가간 강화도 시인 함민복 님의 〈긍정적인 밥〉을 곱씹다 보면, 돈 생각과 눈물이 섞여 짭짜름해집니다.

## 03
## 속 태우니,
## 담배 태우는 게 낫다지만

돈이 많으면 뭘합니까?

인구人口에 회자膾炙되는 말로

돈을 잃은 것은 작은 것을 잃은 것이고

명예를 잃은 것은 큰 것을 잃은 것이며

건강을 잃은 것은 전부를 잃은 것이라는 말이 있습니다.


건강해지려면 냉~큼 담배부터 끊으십시오.


끽연은 구순성욕口脣性慾의 발로이니, 이유기 공갈 젖꼭지를 빠는 것이나, 취학 후에도 어렸을 때 덮던 포대기 끝자락을 돌돌 말아 빠는 심리도 모두 구순성욕의 발로라고 할 수 있습니다.

요즈음은 중장년 남성이 담배를 피우면, 바람을 피우는 남자보다 더 유치하게 본답니다.


제가 존경하던 고 모경준 선배는 아버님이 방송인이자 국문학자인 모기윤 선생이고, 고모님이 〈국군은 죽어서 말한다〉, 〈렌의 애가〉를 쓰신, 영국으로 비유하면 계관시인 모윤숙 여사였어요. 그런데 아버님께서 상처 후 재혼을 하시자, 새어머니가 속옷 세탁해 주는 것이 그렇게 싫어서, 팬티를 세탁물통이 아닌 지붕에다 던져 놓곤 하였대요.

이때 모기윤 선생께서 지붕을 쳐다보며 하시는 말씀,
"우리 경준이가 오뉴월 산타클로스예요. 초여름 지붕에 하얀 눈이 내렸구나." 하셨다는군요.
새어머니와의 심적 갈등을 이겨내지 못해, 대학을 다니다 공교롭게 1960년 4월 19일 입영열차를 탔는데, 가방을 열어보니 양담배 한 보루가 들어있더래요.

그렇게 담배만은 절대로 못 태우게 하시던, 부친 모기윤 선생의 달필 쪽지와 함께.
"경준아! 속 태우느니, 담배 태우는 게 낫지."
모경준 선배는 이런 부친의 묘비에 당대의 대시인 모윤숙 여사가 동생을 위해 헌시를 쓰겠다는 것을 마다하고, 부친의 시 중에서 동요 가사를 묘비에 새겨 넣어 사부곡思父曲을 대신하였답니다.

**"파랑새 파랑새 어째서 파랄노**
**파란콩 먹으니 파랄지"**

# 여성과 돈!

아주머니는 머니money가 아주 많다 해서 아주머니라고 하고요,
박지성이 골을 넣으면 곧 돈이 되니까 세레머니,
계란 살 때 내는 돈은 에그머니,
도둑이 훔쳐간 돈은 슬그머니랍니다.

무와 여성의 공통점도 있어요.
첫째는 속을 알 수가 없고요.
미끈하게 잘 빠질수록 좋고요.
바람이 들면 못 써요. 이건 남성도 마찬가지죠.

또 집에서 살림 잘하는 아내를 집오리라 하고요.
살림도 못하면서 쏘다니기만 하는 아내는 어찌하오리.
거기다가 두 주머니까지 차는 아내는 탐관오리.
살림도 잘하고 돈도 잘 벌어오는 아내는 황금오리.
거기다가 자식 공부까지 잘 시키는 아내를 아싸가오리라고 한답
니다.

여성의 나이에 따라 화장의 명칭도 다릅니다.

고전 유머인데요.

20대는 로션만 발라도 풋풋한 젊음이 아름다워 치장이라고 하고
30대가 본격적으로 화장이에요.

40대는 분장

50대는 변장

60대는 위장

70대는 포장

80대는 환장이라구 해요. 웃자고 만담으로 만들어본 것일 뿐,
여성은 나이가 듦에 따라 더욱 원숙미를 더해간답니다.


저도 화장을 하냐구요?

저는 수목장樹木葬으로 할 작정입니다.


한 노총각이 하느님께 "저에게 돈과 여자를 보내주세요!" 하고
간절히 기도를 했어요.

이런 간절한 기도를 외면하실 하느님이 아니시죠.

그래서 기도대로

'돈여자' 하고 결혼을 시켜주셨대요.

## 목사님 마음도

어렵게 사시는 한 장로님께서 남몰래 로또 복권을 샀는데, 그야말로 억! 36억 원의 당첨금이 터졌다지 뭡니까?

그렇게 늦잠 많은 양반이 새벽기도를 위해 4시에 일어나도 싱글벙글 웃음이 나왔지만, 집사람인 권사님이 알면 졸도를 할 것 같아 고민 끝에 목사님께 전화로 상의를 드렸대요.

장로님 말씀을 들은 목사님께서

"제가 졸도하지 않도록 권사님(부인)께 잘 말씀드릴 테니, 지금 모시고 오시지요."

하시더래요.

집사람과 함께 목사님을 찾아뵈니, 노련하신 목사님께서 인자한 미소를 띠시며 권사님께서 졸도하지 않도록 눈썹까지 찡긋대며

"권사님! 만약에, 이건 만약입니다. 만약에 장로님께서 36억 원의 로또복권에 당첨되셨다면 어떻게 하시겠습니까?" 물으시자,

권사님 하시는 말씀.

"물론 목사님께 다 드려야죠."

이 말이 끝나기가 무섭게 목사님께서 바로 졸도하셨대요.

# 잘 사는 사람

우리는 아무 생각 없이 돈이 많은 사람을 가리켜 눈을 치켜뜨며
"저 사람 잘사는 사람이야."라고 말하고,
돈이 없는 사람을 가리켜
"저 사람 못사는 사람이야."라고 지칭합니다.

정말 그럴까요?
진정으로 잘사는 사람은 돈이 많든, 적든 자기가 좋아하는 일을
하며 만족해 웃으며 사는 사람입니다. 그렇긴 해도 이왕이면 돈
많아서 남을 도우며 웃고 사는 사람이 되자구요.^^

주목!
잘사는 사람이 되려면, 나이가 들어 자식들에게 미리 전 재산을
주어서는 안 됩니다. 이는 마지막 자존심을 무장해제하는 일과 같
습니다.

## 07

## 감사하며 삽시다

월러스 워틀스의 〈부자가 되는 과학〉의 내용을 한 줄로 요약하면, "감사기도를 드리면, 뇌와 마음에 감사의 주파수가 발생해서 감사할 일이 모여든다."는 겁니다.

자기가 믿는 신에게 감사기도를 드리세요. 종교가 없으시더라도 주무시기 전 하루 잘 지낸 것을 감사하시고, 아침에 일어나면 새로 태어난 것처럼 기쁜 마음으로 하루가 잘 이루어지기를 마음속으로 기도하세요.

God is no where! '신은 아무 데도 없다'의 스펠링 한 자 띄어쓰기만 옮겨서 no where의 no 다음에 w를 붙이면,

God is now here '신은 지금 여기 있습니다.'가 됩니다.

누가 화장실에
―"신은 이미 죽었다." 니체―
이렇게 낙서를 해 놓았대요.
그다음에 쓰여 있는 낙서가 걸작이에요.

—"이 낙서 쓴 놈! 너도 죽었다." 청소 아줌마—

그나저나 신은커녕 귀신도 본 일이 없는 사람에게 어떻게 신을 믿으라느냐는 먹물들이 의외로 많더군요. 그러면 바람은 보신 적이 있으신가요?

전파는 보신 적이 있으신가요?

그러면 바람이나 전파는 없는 건가요?

나뭇잎이 흔들리는 걸 보면, 바람은 있는 거 맞죠?

라디오가 들리고, TV를 시청할 수 있는 걸 보면, 전파도 확실히 있지요?

전도를 하자는 게 아니니 오해 마세요. 근심 걱정한다고, 짜증을 낸다고, 남을 탓한다고 이루어지는 일은 하나도 없습니다. 그럴 시간이 있으면 기도를 하십시오. 기도는 두려움을 없애주어 마음의 평온을 가져오고, 용기를 북돋아 줍니다.

호흡이 육체의 숨쉬기인 것처럼, 기도는 영혼의 숨쉬기입니다. 숨을 멈추면 육체가 죽듯, 기도를 멈추면 영혼이 죽습니다. 라디오나 TV를 보고 들으려면 우선 전원을 켜고, 그다음에는 주파수를 맞추어야 하잖아요. 기도도 마찬가지입니다. 주파수를 맞추어야 신과 소통할 수 있답니다.

미국 워싱턴 대학의 심리학교수 존 가트맨John Gottman은 35년간 3,000쌍의 부부를 조사한 결과, 상호 대화 패턴이 부정적인 즉, 주파수가 맞지 않는 부부는 94%가 이혼을 하였다고 합니다. 그런데 상대의 이런 부정적인 언사를 무너뜨리는 즉방卽方이

"감사합니다."

라는 말이라는 연구결과도 함께 발표하였습니다.

감사하며 삽시다.

# 산다는 건 from과 to 사이

살기 팍팍한 시대에, 산다는 게 무엇인지 한 번쯤 돌이켜 보게 되는군요.

생리학적으로 보면 산다는 건 날숨과 들숨 사이라고 할 수 있겠지요. 태어나면서부터 잠시도 끊이지 않고 숨을 들이쉬고 내뱉는 반복동작이 삶이에요. 삶이 힘들 땐 숨이 차고, 이 동작이 아예 멈추면 "숨을 거뒀다."라고 말하잖아요.

산다는 건 대기 중의 산소를 섭취하고 또 산화작용의 결과로 생긴 이산화탄소를 몸 밖으로 내보내는 작용의 반복동작이라고도 할 수 있겠는데요, 사람과 외계 사이의 가스교환인 외호흡 외에 혈액과 조직 세포 사이에도 내호흡이라 불리는 가스 교환이 이루어진답니다.

또 산다는 건 맥박활동, 즉 분당 70회가량 약 80년간 뛰는 심장 박동 행위라고 볼 수도 있지요. 신체에 이상이 오면 부정맥, 즉 맥박이 불규칙하게 되고요.

산다는 건 심장 활동으로 인한 피의 주기적인 분출 및 중지작용이 교차하여 일어나는 혈관 벽의 파상기복현상이라고 정의할 수도 있겠구요.

또 산다는 건 머릿속 뇌막에 쌓여 있는 1,300g의 중추신경계 주요 부분인 뇌의 의식 활동이라고 볼 수도 있지요. 숨을 쉬고 맥박이 뛰어도 뇌사 상태가 되어 식물인간이 되면 살아 있다고 볼 수 없잖아요?

좀 다른 관점에서 접근해 보면 '산다는 게 무엇인지' 이건 고 강원룡 목사님께서 주례사에서 쓰신 표현인데요, 영문법적으로 접근해 보면 산다는 것이란

"from과 to 사이입니다."

## 09
### 빠르면 놓치는 것

우리는 너무 바빠서 주위를 살펴보지도 못하고 그냥 지나치다 보니까 왜 사는 건지, 너무 놓치는 게 많고, 잃는 것도 너무 많습니다.

자동차를 탔을 때 보이는 풍광과 자전거를 탔을 때 보이는 풍광 그리고 걸으면서 보이는 풍광은 다르잖아요. 느릴수록 많은 것이 보입니다. 출근길에 서둘러 차를 운전하며 나오다 보면, 현관문을 제대로 잠갔는지 불안해하다, 결국은 다시 집에 가 보면 잘 잠겨 있는 경험이 있을 겁니다.

예방법을 알려드릴게요. 천천히 가스 불을 끄면서 "가스 불을 끄고" 말로 확인하는 거예요. 천천히 현관문을 잠그면서 "현관문을 잠그고" 또 말로 확인을 하는 거예요.

그래야 1초 늦는 건데 하루가 불안하지 않답니다.

그런데 고명한 철학자나 대문호의 부인은 대체로 급하고 사나웠

나 봐요. 하기야 빨리빨리 돈 벌어 올 궁리는 안 하고 사색에 잠겨 글이나 쓰고 앉아 있으니 곗돈 내야 하는 부인 입장에서 열불이 안 터졌겠어요?

소크라테스는 부인이 아무리 심한 잔소리를 해도 화를 내기는커녕 빙긋이 웃으며 글을 썼대요. 더 열이 받친 부인이 찬물 바가지를 확 끼얹으면, 그때서야 한마디 하였다는군요.

"마른벼락이 치더니만, 비가 내리는구먼!"

골든벨 43번 문제! 세계 3대 악처는? 소크라테스 부인, 톨스토이 부인 여기까지는 적었는데 한 사람이 떠오르지 않는 거예요. 하는 수 없이 지인에게 전화로 물어보는 찬스를 썼대요.

철학 교수인 아버지께 물으니, 아버님 하시는 말씀!

"이놈아, 네 엄마 이름도 생각이 안 나서 찬스를 썼냐?"

# 10시 10분에 만납시다

오늘을 사는 우리는 너 나 할 것 없이 시간에 쫓겨 삽니다.

출근 시간에 쫓겨, 등교 시간에 쫓겨, 거래처와의 미팅시간에 쫓겨, 데이트 약속시간에 쫓겨, 움직이는 에스컬레이터에서 뛰는 유일한 민족입니다.

한때는 코리언 타임이라 해서 으레 약속시간에 늦는 것이 항다반사恒茶飯事였던 때도 있었지요.

학교 다닐 때 지각하는 애들을 보면, 먼 데서 사는 친구들은 새벽같이 일어나 오히려 일찍 등교하는데, 꼭 학교 교문 앞 문방구집 애들이 엎드러지면 코 닿을 텐데 학교 종소리 듣고 일어나서 지각을 합니다.

그런데 우리는 약속시간을 잡을 때 필연성이 있어서가 아니라 무의식적으로 어디 어디에서 10시에 보자. 11시에 만나자 그러잖아요.

CM송도 "12시에 만나요♪ 브라 거시기 콘! 둘이서 만나요♪ 브라 거시기 콘! 살짝꿍 데이트♪ 거시기 태, 브라 거시기 콘"

　시간 약속이 예컨대 10시로 잡힌 경우, 집에서 출발해서 예상 도착 시간이 50분이 걸린다 치면 9시 10분에 출발하면 되는데도, 10시에 늦으면 어떻게 하나 하는 조바심 때문에 훨씬 그 이전부터 다른 일이 손에 잡히지 않는다는 말씀이에요.

　그래서 실제로 보건복지부장관을 지낸 김성이 선배가 이화여자대학교 재직 시에는 1교시를 9시 10분에 시작해서 50분 수업하고, 10분 쉬고, 2교시를 10시 10분에 시작한 적이 있다더군요.

　10시 10분에 약속을 한 경우에도 보통은 10시에 나오게 되어 있고, 설령 10시 20분에 나오더라도 서로가 마음의 여유가 생겨 늦는 사람이 초조해지거나, 먼저 온 사람이 짜증을 내지 않게 된답니다.

　우리 10시 10분에 만날까요?

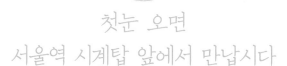

## 11

## 첫눈 오면
## 서울역 시계탑 앞에서 만납시다

　필자도 특히 방송시간이나 공연시간에 쫓기다 보면 가끔은 시계
가 발명되지 않은 시대에 살아봤으면 하는 즐거운 상상을 해 보곤
합니다.

"그랴~ 이따가 저녁 먹고 한 번 봐~"

"해 질 무렵에 집에 들려~"

"첫눈 오면 서울역 시계탑 앞에서 만나~"

얼마나 느긋~하고, 낭만적이었어요?

　이론물리학자 앨런 라이트만은 시계의 발명 당시 사람들이 내
몸 밖에 시간이 존재한다는 것, 측정할 수도 있고 표시해 둘 수도
있는 시간이 생겼다는 사실을 알고, 사람들이 어떤 반응을 보였을
지 궁금해하고 있더군요. 과거에는 느끼기만 하던 것을 물리적으
로 마주친 것, 그러니까 시간처럼 손에 잡을 수 없는 것을 수량적
으로 측정하는 물체와 갑자기 마주친 것은 매우 기이한 체험이었
을 것이라고 유쾌한 상상을 하고 있더군요.

그래서 저도 가끔은 정지된 시간을 그리워해요. 어린 시절 툇마루에 앉아 봄볕을 쬐다 졸던 순간, 또는 한여름 밤 마루에서 잠이 들었는데 깨어나니 마름모꼴 천장 벽지를 보며 기이하게 여겼던 순간, 물론 엄마가 안아서 옮긴 거겠지만요. 이렇게 사후死後체험을 저는 어렸을 적에 했다니까요.

시간의 정지까지는 아니더라도, 예전에는 단위 자체에 여유가 있었어요.

두어 개는 두 개에서 세 개를, 두서너 개는 두 개에서 세 개 또는 네 개까지를, 네댓 개는 네 개에서 다섯 개를, 예닐곱 개는 여섯 개에서 일곱 개를 두루뭉술하게 가리키는 넉넉한 인심이 엿보이는 단위였지요.

## 12

## 느림의 미학

느려 터진 달팽이 처녀가 성미 급한 노루 총각에게 눈에 콩깍지가 씌어서 결혼을 했대요.

그래 첫날밤은 잘 치렀느냐구요?

아이구 주책! 그런데 성격 차이로 밤낮 부부싸움을 하다가, 하루는 노루가 달팽이를 걷어차서 낭떠러지로 떨어졌는데, 천만다행으로 나뭇가지에 걸려 구사일생 목숨만은 부지했대요.

완전히 안 떨어지고 나뭇가지에 걸렸으니,

덜떨어진 놈이 된 거죠.

그런 후 석 달 열흘이 지난 어느 날 노루가 낮잠을 자고 있는데, 누가 문을 똑똑 두드려 열어 보니 달팽이가 땀을 뻘뻘 흘리며 째려보고 하는 말이

"야~ 너 지금, 나 찼냐?"

## 나누면 더 커져요

나누면 커집니다.
자꾸 건드리면 커지는 것은 붓글씨랑 남성(?)이지만요.


남에게 베풀며 사는 삶만큼 굵고 길게 사는 법도 없습니다.


미국의 록펠러는 50대 초반에 암에 걸려 3년 시한부 선고를 받았대요.

'어떻게 해서 번 돈인데, 고래심줄같이 그 많은 재산을 모으고 나니, 이제 암이라니, 3년밖에 못 산다니…'

록펠러는 절망에 빠져 있다가 문득, '어차피 태어나면 누구나 한 번은 죽지 않는가?'

언제, 어떻게 죽느냐가 문제일 뿐이란 생각이 들더래요. 그래서 이왕이면 여태껏 벌어놓은 돈을 남은 3년간 보람 있게 쓰다 가자 작정하고, 그날부터 어린이도서관과 고아원 지어주는 사업을 시작했대요.

막상 일을 벌이고 나자 어찌나 즐거운지 병원에 약 타러 가는 것마저 잊고 몰두를 하다 보니, 암에 걸린 사실조차 잊고 신나게 일을 하여, 사업은 오히려 더 번창해져 교회에 헌금하는 십일조를 셈하는 회계직원만 무려 40명을 둘 정도였대요.

그는 암 발생 후, 그전보다 훨씬 즐겁고 보람 있게, 죽을 새도 없어서 그랬는지 40여 년을 더 살다가 록펠러 재단을 만들어 놓고 하늘나라로 소풍을 떠나셨다는군요.


나누면 더 커져요.

# 정의란 무엇인가

한동안 인문사회 베스트셀러 1위는 마이클 센델의 『정의란 무엇인가?』였습니다.

저도 읽다 말다 했습니다. 그래서 『정의란 무엇인가?』는 가장 많이 팔렸는데, 가장 안 읽힌 책이기도 합니다.

『정의란 무엇인가?』라는 책이 떴다는 것은 역설적으로 정의롭지 못한 우리 사회현실의 반증인 동시에 불공정, 불공평에 대한 사회적 분노의 공감대가 형성된 것이라고 보아야겠지요.

그런데 재미있는 것은 에모리대학의 영장류 연구팀의 연구에 의하면 불공정, 불공평에 대한 분노가 인간에게만 있는 감정이 아니라는 것입니다. 우선 개 두 마리에게 한 마리에게만 맛있는 먹이를 주고, 한 마리에게는 맛없는 먹이를 줘 보세요. 맛없는 먹이를 받은 개는 엄청나게 짜증을 낸답니다.

또 연구팀이 한 코끼리에게는 그들이 가장 좋아하는 포도를 주고, 다른 한 코끼리에게는 오이를 주었더니, 오이를 받은 코끼리가 막 화를 내더래요.

이번에는 두 코끼리에게 모두 오이를 주었더니, 두 마리 다 화를 안 내고 잘 받아먹더라는 겁니다.

'동물까지도 배고픈 건 참아도, 배 아픈 건 못 참는다.' 그런 말씀이에요.

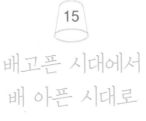

# 15

## 배고픈 시대에서
## 배 아픈 시대로

절대 빈곤의 '배고픈 시대'를 극복하고 나니, 불공정에 대한 '배 아픈 시대'가 도래한 것이지요. 이제는 몸보다 마음이 문제입니다.

하기는 몸이란 게 마음이 시키는 대로 하는 '마음의 노예'이지요.

그래서 석가모니도 한 제자가 "이 세상을 지배하고 있는 주인은 누구입니까?" 하고 물었을 때, "신"이라고 답하시지 않고,

"Cittena niyati loko" 즉 "마음이 중생을 인도한다."라고 답하신 겁니다.

마음으로 공평한 사회라고 느끼려면, 우선 경쟁에서 차별이 있어서도 안 되겠지만, 자본주의 사회에서는 어차피 능력이 부족한 분들이 많은 비율을 차지하는 것이 현실이니, 나눔이라는 보완장치가 필요합니다.

우리나라의 국가 브랜드는 세계 13위인데, 행복지수는 32위입니다. 그것은 나눔 행복지수가 가나, 수단과 같은 45위이기 때문

이지요. 1위인 아일랜드, 호주는 언감생심焉敢生心 올려다보지 못한다 하더라도, 40위 캄보디아, 케냐보다도 5단계나 낮으니 부끄러운 일이지요.

지금 한창 리모델링 중인 우리나라 최초의 실내 체육관인 장충 체육관이 1960년대에 지금 우리나라보다 한참 GNP가 떨어지는 필리핀의 도움으로 세워져, 그곳이 우리나라 스포츠의 산실이 되어 올림픽 강국으로 발돋움한 사실을 떠올리면, 우리나라가 남과 나누는 데 너무 인색함을 절감하게 됩니다.

나눔이 부족하다 보니, 경쟁에서 낙오된 일부 사람들의 막연한 피해의식과 사회에 대한 분노가 불특정 다수인에 대한 범죄 등으로 나타나 사회 안전망이 위협받고 있는 요인의 하나로 나타나고 있는 게지요.

모든 사람들이 입으로는 나눔을 강조하면서도 실제 상황이 벌어지면 '나 몰라라.' 합니다. 불과 연 몇 천 원에 불과한, 연말에 각 가정으로 발송되는 대한적십자사 기부 청구서도 강제성이 없다 보니 '나 몰라라' 하고, 신문에 삽입된 광고지와 함께 휴지통으로 직행합니다.

'나 몰라라'를

영어로는? I don't know.

일본어로는? 아리까리!

중국어로는요? 까우뚱!

불어로는? 알쏭달쏭!

독일어로는요? 애매모흐!

아프리카어로는요? 긴가민가!


그런데 우리나라가 예전에는 인심 좋은 나라였는데, 언제부터 돈·돈·돈 하게 되었을까요?

사회정신의학적 관점에서 보았을 때, 일제 강점과 분단, 6·25 전쟁, 남북 대립, 경제 건설, 민주화 과정을 거치면서 국민 모두가 집단적 정신충격을 받은 결과, 자기와 가족을 지키는 것은 돈밖에 없다는, 돈에 관한 한 거의 종교적 집착을 가져오게 된 결과이지요.

이제 개인 차원의 기본적인 삶의 질의 보장을 위한 돈에 대한 집착에서 벗어나, 국가와 사회 차원에서 복지가 우리 사회의 화두가 된 것은 자연스러운 공론의 결과물이라 하겠습니다.


우리가 단기간 내에 '경제적 기적'과 '민주화의 기적'을 이루었듯이, 이제는 분단과 분열이 만들어낸 사회의 상처와 충격을 나눔을 통해 극복하는 '치유의 기적'을 이루어야 합니다.


이것이 진정한 의미의 '오늘의 한국, 정의란 무엇인가'에 대한 정답이 아닐까요?

## 인생의 5계(季)

인생을 계절에 비유한다면

10대는 모든 가능성이 열린 이른 봄, 싹트는 계절이라 하겠지요.

20대는 자기만의 색깔을 드러내는 늦은 봄, 꽃 피는 계절이라 하겠고요.

30대는 자신의 존재감을 인정받는 초여름, 신록의 계절이고요.

40대는 땀 흘리는 모습이 아름다운 한여름, 성숙의 계절이고

50대는 초가을 성공의 열매를 수확하는 계절이고

60대는 인생의 연륜이 묻어나는 늦가을, 단풍의 계절이고

70대는 이제 인생을 갈무리할 초겨울, 낙엽의 계절이고

80대는 인생을 관조하는 한겨울, 백설의 계절이고

90대는 사계절을 초월한 제5의 계절이니, 이 세상에서 모든 것을 이루고 편안히 잠자리에 들 계절입니다.


그렇습니다. 어느 계절 하나 아름답지 않은 절기가 없습니다.

잠자는 시간은 또 얼마나 달콤하고 아름다운가요?

영원히 깨지 않는 깊은 잠은 신이 주신 마지막 선물입니다.

# 17
## 하루살이

하루살이가 모기에게 사랑을 고백했답니다.

그런데 모기는 하루살이가 마음에 썩 내키지 않는 거예요.

어떻게 하루살이에게 상처를 주지 않고 거절할까 고민하다가 이렇게 말했대요.

"우리 내일 만나자."

그렇습니다. 오늘 하루는 하루살이의 일생입니다.

하루 살기를 일생처럼 삽시다.

# 내 일(my job)이 있어야
# 내일(tomorrow)이 있습니다

여러분은 은퇴해서 30년 동안 어떻게 사시겠습니까.
일을 해야 하겠지요.
그럼 어떤 일을 해야 할까요?

제가 가장 존경하는 상담심리학의 거두 김광웅 숙명여대 명예교수께 물었습니다.

"자기가 잘할 수 있는 일 중에서, 자기가 좋아하는 일을, 자기가 좋아하는 사람과 함께 하십시오."

머리 나쁜 사람은, 머리 좋은 사람 못 따라가고, 아무리 머리 좋은 사람도, 열심히 하는 사람 못 따라가며, 아무리 열심히 하는 사람도, 일이 좋아서 하는 사람 못 따라가는 법입니다.

내 일이 있어야 내일이 있습니다.

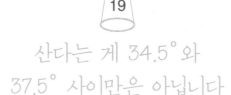

# 19
## 산다는 게 34.5°와 37.5° 사이만은 아닙니다

인간의 체온이 34.5°로 떨어지면 죽은 것이고,

산다는 건 34.5°와 37.5° 사이라고 정의할 수도 있겠죠.

자궁에서 나와 자신만의 첫 호흡이 벅차 울음을 터뜨리며 태어나,
항상 웃으면서 남을 배려하고, 칭찬하고, 약자를 돕고,
당신 덕분에 내가 살기에, 져주면서 이등인생으로 살고,
누군가를 끔찍이도 사랑하다가 이윽고 돌아갈 때는 자신의 장기
와 각막마저 기증하고,
이제는 모든 것을 다 이루었다 빙긋이 웃으면서 눈을 감을 수
있다면,
'산다는 게 무엇인고' 하니, 울음과 웃음 사이라고 할 수도 있겠
네요.

이 세상에 태어나 무엇인가를, 누군가를 지독하게 사랑하다 간

다는 것은,

떠나도 사랑하던 사람에게 자신의 따뜻한 마음을 옷처럼 입혀주고 가는 것 아니겠어요?

베풀면서 삽시다. 여유가 되면 조금 버거워하는 지인에게 밥 한 끼 사고, 술 한잔 사면서 용돈도 쥐여 주면서 삽시다.

학사 위에 석사, 석사 위에 박사, 박사 위에 밥사, 밥사 위에 술사, 술사 위에 감사, 감사 위에 봉사가 있는 겁니다.

시인 조병화 선생님께서 아주 오래전 서울고등학교에서 교편을 잡고 계실 때, 마지막 수업시간에 이런 글귀 한 줄 칠판에 써놓고 나가셨대요.

"썩으면 죽을 몸, 아껴서 무엇하리?"

# 자신의 부고를 쓰고 떠난 유머작가

미국 시애틀타임즈에 필자와 동갑내기(1952년) 유머작가 '제인 로터'가 세상을 떠났다는 부고訃告가 실렸습니다.

그런데 그 부고를 쓴 이는 유머스럽게도 '제인 로터' 자신이었습니다. 가는 순간까지도 유머작가답게 사람들을 울리고 웃음 짓게 만든 것이지요. 그의 부고를 눈물 머금은 채 웃으며 찬찬히 음미해 볼까요.

"말기 자궁암으로 죽어 가면서도 몇 안 되는 신나는 일은, 바로 내 부고를 쓸 시간을 가질 수 있다는 것이다."라며 유머작가답게 부고를 써내려갑니다.

"나의 코믹소설『베티 데이비스클럽』은 아마존닷컴에서 계속 구입할 수 있습니다."라는 짓궂은 홍보도 잊지 않고 있군요.

"아직도 살아 있는 내 유머감각을 보여주기 위해 몇 마디 농담을 싣고 싶지만, 부고의 양이 길어지면 신문사에 지급해야 될 광고료가 많아지니 삼가겠다."라며 임종 직전까지 잃지 않고 있는 유머감각을 뽐내고 있습니다.

"남편 밥을 만난 것은 1975년 11월 22일 파이어니어 광장의 술집이었는데, 그날은 정말이지 내 생애 가장 운 좋은 날이었다. 밥! 당신을 하늘만큼 사랑해."

이어서 자녀들에게는

"인생을 살다 보면 장애물을 만나기 마련이란다. 하지만 그 장애물 자체가 곧 길이라는 것을 잊지 말렴."이라고,

죽음의 공포와 두려움이 엄습했을 때

"내가 어찌할 수 없는 일로 슬퍼하는 대신, 나의 충만했던 삶에 기뻐하기로 결정했다. 태양, 달, 호숫가의 산책, 내 손을 쥐던 어린아이의 손… 이 신나는 세상으로부터 영원한 휴가를 떠나는 것"이라고 시를 쓰듯 초월한 생각을 적으며,

"이 아름다운 날, 여기 있어서 행복했다. 사랑을 담아, 제인"이라고 부고의 글을 맺었습니다.

몇 해 전, 타계한 풍자 칼럼니스트 '아트 부크월트'는 뉴욕타임즈에 미리 촬영해 놓은 동영상 칼럼에서

"안녕하세요. 아트 부크월트입니다. 제가 조금 전 사망했습니다."라고 자신의 죽음마저 유머로 알려, 우리들에게 유머러스한 충격을 체험하게 해주었습니다.

# 이 자리가 꽃자리

시인 구상 선생께서 KBS 교향악단 이종덕 이사장에게 주신 글이 〈꽃자리〉인데요,

그는 항상 어느 직장으로 자리를 옮기던, 이 글귀를 집무실 책상 뒤에 걸어둔답니다.

'너의 앉은 자리가 바로 꽃자리'라는 짧은 글귀의 행간行間 속에 자연의 이치가, 세상사 이치가 석류 알처럼 촘촘히 박혀 있습니다. 그렇습니다. 바로 지금 이 순간이 가장 중요하고 소중한 시간입니다.

지금 이 순간에 충실하고, 지금 이 순간을 즐기십시오.

지금 이 순간, 내가 앉아 있는 이 자리가 꽃자리입니다.

우리는 항상 오늘은 대충 지내고, "나중에 보자!" 하잖아요?

일본 속담에 일본 속담에 '아토데모 오바케와 데타고토가 나이'라는 말이 있습니다.

'나중과 도깨비는 본 적이 없다'는 말이지요. 즉, '나중에', '다음에 또 만나자'라고 말하고 약속을 지키는 일이, '도깨비가 나타나는 걸 보는 것'만큼 가능성이 없다는 뜻입니다.

우리가 찾아 헤매는 네 잎 클로버는 행운을 상징하지만,
세 잎 클로버는 일상의 행복을 의미한다잖아요?
그런데 우리는 네 잎 클로버 같은 행운만을 찾느라, 세 잎 클로버 같은 일상의 행복을 짓밟고 있지는 않은지 돌아볼 일입니다.

자리조차 없는 분들을 생각해 보십시오.
직장인 여러분! 당장 때려치워야지 하는 지금 당신이 앉아있는 이 자리가 꽃자리입니다.

Humor Leadership In Communication

# 뻔한 축제 vs fun한 축제

Humor Leadership In Communication

각박한, 급변하는, 스마트한 시대로 대변되는 현대에는 오늘을 살아가기에 급급한 날들의 연속선상에 있습니다. 이러한 오늘을 살아가는 우리에게 사회적 제도 속에서 즐길 수 있는 여유가 있다면 무엇일까요? 바로 '축제'입니다. 뭐든지 '빨리빨리'를 외치는 현실 속에서 제도로 마련 된 축제마저 '빨리빨리' 끝내 버린다면, 나중에 우리는 삶을 살아가는 여유를 찾는 법을 아예 잊어버릴지도 모릅니다. 그만큼 축제를 잘 활용하는 사회야말로 앞으로 더 많이 발전할 수 있는 사회가 될 수 있음을 깨달아야 할 것입니다.

　그럼 축제를 어떻게 활용하느냐? 우리가 축제를 여는 의미를 느끼는 범위에서 즐길 수 있는 시간을 마련해야 합니다. 바로 fun한 축제를 기획하는 것입니다. 축제와 관광도 공급자가 아니라 수요자 입장에서 재미있게 Story를 입혀 소통을 하며 기획되어야 성공할 수 있습니다. Story가 있는 축제 속에서 사람들이 즐기고 만끽할 수 있는 시간이 되어야 합니다. 즉, 축제에는 뻔한 기획이 아니라 fun한 기획이 있어야 한다는 뜻입니다. 어떤 축제도, 어떤 공연도, 어떤 관광도 재미가 없으면 죄악입니다.

실제로 필자가 축제심사를 나가보면, 재미있는 story로 촘촘히 연출·기획된 축제만이 성공한다는 것을 알 수 있습니다. 그럼 지금부터 story가 있는 축제, fun한 축제의 현장으로 안내해 드리겠습니다.

## 01

말씀은 많이 들었습니다만,
처음 뵙겠습니다

**전남 곡성 〈심청 효문화 대축제〉**

공양미 삼백 석에 남경상인 선인에게 팔려 인당수 깊은 물에 제물이 되었던 심청이가 황후가 되어 아버지 심봉사를 만났을 때, 감격에 겨워 눈을 뜬 심봉사의 입에서 나온 첫 말이 무엇인지 아십니까?

"말씀은 많이 들었습니다만, 처음 뵙겠습니다."

딸 청이가 태어나기 전부터 봉사(盲人 맹인)였으니 처음 뵈올 수밖에요. 그런데 과연 심봉사는 공양미 삼백 석 때문에 눈을 뜨게 된 것일까요?

정답은 사실입니다. 전남 곡성군은 2001년부터 섬진강 기차마을에서 〈심청 효문화 대축제〉의 일환으로 관광객과 주민이 쌀이나 성금을 내어 '공양미 삼백 석 모으기'를 하고, 이를 통해 10년간 3억 7천만 원을 모아 백내장 등 안과 질환을 가진 저소득층 노인 1,344명에게 새로운 빛을 선사하였습니다.

설화의 story가 현대적으로 재조명되어 이룬 성과이니 아, 정말이지 잘 기획된 축제의 힘은 위대합니다.

**여기서 돌발 소통 유머퀴즈 나갑니다.**

**심청이가 물에 풍! 덩! 몸을 던지며 부른 아리아는?**

♪ 이다지도 깊을 줄은, 난 정말 몰랐었네 ♪

# 02

# 빙그레 웃을 莞(완)

**완도 〈대한민국 웃음 페스티벌〉**

완도를 군이 莞島라고 한자로 표기한 데는 다 사연이 있습니다. 여기서 완莞 자는 '빙그레 웃을 완' 자로서 이 섬을 달리 말하면 '빙그레 웃는 섬'이라 할 수 있습니다.

영화 〈서편제〉에서 주인공 송화(오정해)가 아버지, 의붓오빠와 함께 유채꽃이 흐드러지게 핀 길을 '남도 아리랑'을 부르며 걸어가던 그곳이 바로 완도의 청산도입니다. 쪽빛 하늘과 바다, 검붉은 황토밭이 펼쳐지는 이곳에는 검은 머리 짐승치고 건강치 않은 이가 없고, 물자가 풍족해 아웅다웅할 일 없어 마음까지 청정하니 빙그레 웃음이 날 수밖에 없겠지요?

완도에서는 5월 초면 〈완도 장보고축제〉가 열리는데, 이 기간 중에 왕년의 코미디 왕PD 김웅래 교수와 만담가 장광팔이 기획·연출하는 〈대한민국 웃음 페스티벌〉이 개최되어 대한민국 웃음왕

Humor

을 뽑는 행사를 가졌습니다. 전야제에는 왕년의 스타들이 다시 모여 주민들과 함께 90년대 최고 인기 코미디극 〈변방의 북소리〉를 패러디한 〈장보고의 북소리〉 공연을 무대에 올렸습니다.

"장보고 장군님! 장 보러 갔다 〈완도 대한민국 웃음 페스티벌〉을 벤치마킹하러 온 왜놈 첩자 갸류상 오빠를 잡아왔음을 보고! 드린당께."

"일본에서 〈완도 대한민국 웃음 페스티벌〉을 벤치마킹하면 뭐한다요? 기분 허벌라게 좋다고 완도 미역 사묵어뿔겠제!"

무형의 웃음을 자원화하여 지역발전의 원동력으로 삼고, 웃음을 통해 지역사회는 물론 전 국민이 남녀노소 모두 한데 신나게 어울려 웃어보자는 〈완도 대한민국 웃음 페스티벌〉은 빙그레 웃는 섬 완도의 관광 상품이 되었습니다.

또한, 완도 청정지역에서 미역 감으며 자라난 미역, 입맛 다시는 다시마, 가슴까지 파래지는 파래, 김이 모락모락 나는 밥에 싸 먹으면 둘이 먹다 하나가 죽어도 모르는 김, 나른한 늦봄 입맛을 톡 쏘는 톳 등 세계인의 미각을 사로잡는 해조류 등 Story를 담은 완도국제해조류 박람회도 잘 기획된 축제의 전범典範입니다.

## 03

# 남녀노소가 유머로 소통하는
# 만화축제

**〈부천국제만화축제〉**

개그도 세대에 따라 코드가 전혀 달라 소위 빵 터지는 멘트를 간파하지 못하면 웃음은커녕 배구의 시간차 공격을 당한 팀처럼 허망하기만 합니다.

그런데 5세부터 95세까지 웃고 울게 할 수 있는 범용코드가 있으니 바로 만화입니다.

60·70년대 만화방은 설렘의 공간이었습니다. 미닫이 유리문을 밀고 들어가면 검정고무줄에 매달린 꿈들이 출렁이고 있었습니다. 여학생들이 좋아하던 순정만화, 남자아이들이 좋아하는 명랑만화, 청소년들이 좋아하는 무협만화 등등 그 종류도 다양했습니다.

그중에서 악을 소탕하는 모험과 3각 관계가 교묘히 혼합된 이야기의 〈라이파이〉는 단연 압권이었는데, 제비기機를 모는 제비 양과 정의의 사자 라이파이, 라이파이의 적이면서 그를 사랑하는 녹색 여왕 사이에 펼쳐지는 이야기는 작가 김산호 선생을 일약 스타의 반열에 올려놓았습니다.

또한, 동아일보 연재만화 고바우(김성환)는 정보 부재의 시대에 정치판도의 행간을 읽을 수 있는 창구 역할을 톡톡히 했었답니다.

부천시에서는 만화의 이러한 문화적 영향력을 일찌감치 알아채고 매년 10월 〈부천국제만화축제〉를 열어 만화인의 밤, 국제 코믹북페어, 출판만화 견본전시, 기획전시, 시민만화 한마당의 프로그램을 마련함으로써 부천을 거대한 만화방으로 변화시켰습니다.

여의도에서 70-2번 버스를 한번 타 보세요. 운 좋은 날이라면 '호텔 아프리카'(박희정 작) 캐릭터로 도배된 버스에 앉아 만화 속의 주인공이 될 겁니다. 지하철을 이용한다면 경인 국철 부천역에 내려 남쪽 계단과 북쪽 계단을 모두 이용해 보세요.

남쪽 계단에는 포털사이트에 인기리에 연재 중인 웹툰 미생未生(윤태호 작)의 주인공 장그래가 출퇴근길 어깨 처진 샐러리맨들에게 '오늘도 힘내세요!'라고 응원하는 감동적인 Story를 입혀 놓았더군요.

북쪽 계단은 애니메이션 주인공 빼꼼이가 빨간 모자와 물안경을 쓰고 '빼꼼이와 함께 건강한 북극곰 하루'라는 응원 메시지가 있는데, 계단을 하나씩 오를 때마다 소모되는 칼로리를 표시해 힘든 계단을 즐겁게 걸을 수 있도록 배려했습니다.

사실 요즘 특색 없는 고만고만한 지방축제들이 우후죽순으로 생겨나고 있는데, 제발, 지방자치단체장님들, 그리고 관광진흥과 공무원 여러분! 관광자원이 없네, 교통편이 안 좋네 투덜대지만 마시고, 자기 고장의 인문·지리를 공부해서 찾고, 없으면 상상력을 발휘하여 이야기를 만들어 내십시오. 눈을 감고 있어도 '아, ○○ 축제에 왔구나!'라고 느낄 수 있는 정체성 확실한 축제의 Story를 입혀야 합니다.

작은 도시에서 예산도 없는데 무슨 일을 벌이느냐고 되물으신다면, 한 가지 사례를 들려 드리겠습니다.

프랑스 파리에서 테제베(고속전철)를 타고 3시간쯤 달리면 인구 4만 명의 앙굴렘Angouleme이라는 그야말로 게딱지만 한 도시가 나오는데요, 이곳에서 세계적인 〈국제만화페스티벌〉이 열린답니다. 재미있는 것은 '아스테릭스'라는 캐릭터를 만들어 낸 프랑스인의 자부심을 반영하듯 안내 브로셔조차 영문英文은 눈 씻고 보아도 없고, 온통 프랑스어투성이랍니다. 심지어 세계적인 페스티벌임에도 불구하고 출품작을 '프랑스어 판이 출간된 작품'에 한정하고 있으니, 콧대도 이쯤 되면 상대가 꼬리를 내릴 수밖에요. 왜냐하면, 근거 없는 허세가 아니고 자신들의 문화에 대한 무한한 긍지와 자부심의 표현이니까요.

# 04

# 우스꽝스러운 말춤의 강남스타일에도
# 족보가 있다

싸이의 말춤이 어느 날 갑자기 하늘에서 떨어진 것이 아니라, 고구려 무용총 벽화의 기마수렵도, 택견, 탈춤의 기본 엉거주춤 자세에서 나왔다는 것이 김익두 전북대 교수의 〈한류 K-POP의 지속적 발전을 위한 기본토대 구축 방안 연구〉 분석 결과입니다.

다시 말해 세계를 열광하게 한 싸이의 말춤은 족보가 있는 춤으로서, 덩더쿵 장단과 추임새 지향성의 Story가 있는 춤이라는 것이지요.

최근 강남구가 관광 메카로 도약하고 있는 것은 싸이의 '강남스타일'이 세계적 히트를 치면서 노랫말에 나오는 '강남'에 대한 관심이 높아졌기 때문이기도 하지만, 사실 노래가 히트하기 이전에도 강남만의 독특한 문화적 인프라가 탄탄했고, 이 '강남문화'라는 것이 노래의 히트와 함께 확장된 것이라 할 수 있습니다.

강남패션페스티발-대모산국악축제 등의 강남문화재단, 기초단체 중 유일의 강남심포니오케스트라와 청담동 등의 고급문화와 압구정동·논현동·신사동 등의 젊은 문화가 유기적으로 인프라를 구성하여 강남만의 독특한 Story를 만들어내고 있었던 것이지요.

의료관광만 해도 최근 갑자기 이루어진 것이 아니라, 강남 일대에 인터넷에서 검증된 대형 성형외과와 피부과 인프라가 깔려 있었기 때문에 가능했다는 말입니다.

그래서 요즈음 미녀는 산부인과에서 태어나 압구정동 성형외과에서 거듭난 '의란성 쌍둥이'들이랍니다.

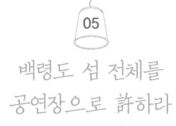

# 05
## 백령도 섬 전체를
## 공연장으로 許하라

백령도는 고려의 충신 이대기가 '늙은 신의 마지막 작품'이라 표현했을 만큼 아름다운 경치를 가지고 있습니다. 수려한 경치와는 반대로 백령도는 서해안의 최북단 섬으로 남북의 화력火力이 집중되어 있는 일촉즉발의 화약고입니다. 원시의 자연경관을 가진 절경의 섬이지만 미사일을 배치하고 견고한 방공호를 구축하여 요새화한 이 섬은 마주 달리는 기차처럼 아슬아슬하기만 합니다.

이런 백령도에 심청전 Story를 입혀보면 어떨까요?

우리나라 사람들에게 〈춘향전〉과 더불어 가장 사랑받는 이야기라 할 수 있는 〈심청전〉의 배경이 바로 백령도라는 사실을 아십니까? 심청전의 배경이 되는 이 섬 전체를 공연장으로 하고, 주민을 배우로 하여 공연을 하면 멋진 관광 상품이 되지 않겠습니까?

사실 심청전의 배경은 황해도 황주, 장산곶과 백령도 사이의 인당수, 그리고 백령도 남쪽의 연봉바위를 잇는 지역이나 현재 우리가 자유롭게 왕래할 수 있는 곳이 백령도이므로 이곳에 심청전 Story를 입히겠다는 것입니다.

대강의 시나리오는 다음과 같습니다.

#1. 백령도 앞바다를 인당수 삼아 중국과 문화교류를 통해 만경선 배를 띄워놓고, 여기서 남경상인 선인이 섬에 내려 "16세에서 17세 사이의 처녀 삽니다." 외치며 막이 오릅니다.

#2. 섬에서는 노동요를 부르며 모심기가 한창인데, 이들은 생업에 종사하면서 심청전에도 출연하는 주민 배우들입니다.

#3. 심학규의 주책으로 심청이는 남경상인 선인에게 공양미 3백 석에 몸을 팔기로 약조하고, 공양미 300섬을 세 섬씩 등에 실은 소 100마리가 산을 향해 언덕을 올라가는 장관을 연출합니다.

#4. 배에 오른 심청역의 안숙선 명창의 애절한 창과 안수련의 해금 소리가 거친 파도소리에 파묻히며 심청은 바다로 몸을 던지고, 관객들은 워터스크린을 통해 용궁 장면을 감상합니다.

#5. 어느 날 황룡 청룡이 연꽃을 떠받쳐들고 수면 위에 오르자,

이를 발견한 어부들이 백령도 관아에 옮기고, 수령은 다시 연꽃 모시고 대궐로 향합니다. 임금 앞에서 연꽃이 벌어지면 홀연히 심청이 나타납니다.

#6. 백령도 대궐 세트장 넓은 마당에서는 맹인 잔치가 벌어집니다. 선글라스와 흰 지팡이를 든 맹인들은 물론, 고기를 굽고 전을 부치며 잔칫상을 준비하여 관객들에게 대접하는 배우들은 모두 백령도 주민들입니다.

#7. 잔치 마지막 날 심학규와 심청이 극적으로 해후합니다.
"청아!"
"아버지!"
이때 백령도 섬 전체를 암전暗轉시킵니다. (5공화국 시절, 민방위 훈련처럼)
"아이고 갑갑해라. 어디 보자 청아!"

심학규가 눈을 뜨는 순간, 백령도 전체와 야외무대 세트에 일시에 조명이 켜지며 광명천지로 바뀌고, 잔치에 참석했던 1,000여 명의 맹인들이 함께 눈을 떠 선글라스와 지팡이를 집어던지며 관객들과 함께 춤을 추며 어우러집니다.

정말 상상만으로도 멋진 광경 아닙니까?

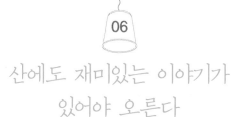

# 산에도 재미있는 이야기가
# 있어야 오른다

숨쉬기 운동과 술잔 꺾기 운동, 동양화(화투) 내리치기 운동 외에는 운동과는 담을 쌓은 선배에게 "등산이라도 하시죠!" 하고 권하자, 되돌아온 대답.

"제가요~ 운동하다 죽었다는 기사는 봤어도, 운동 안 해서 죽었다는 기사는 본 적이 없걸랑요!"

"산이 거기 있어 오른다."라는 유명 산악인의 말이 있지만, 이제는 산에 Story가 있어야 오르는 시대가 되었습니다.

### 남한산성에 김훈의 소설 Story를

1636년 음력 12월, 청의 대군은 압록강을 건너 눈보라와 함께 한양으로 진격해 왔습니다. 병자호란입니다. 정묘호란을 겪은 지 불과 9년 만이었습니다. 방비를 갖추지 못한 채 척화斥和를 내세우던 조선 조정은 정묘호란 때처럼 다시 강화도로 파천하려 했으나, 길이 끊겨 남한산성으로 들 수밖에 없었습니다.

PART 5 뻔한 축제 vs fun한 축제   187

Humor

작가 김훈의 『남한산성』은 1636년 12월 14일부터 1637년 1월 30일까지 47일 동안 고립무원의 성에서 벌어진 말과 말의 싸움, 삶과 죽음의 등치等値에 관한 참담하고 고통스러운 낱낱의 기록입니다.

"그해 겨울은 일찍 와서 오래 머물렀다. 강들은 먼 하류까지 옥빛으로 얼어붙었고, 언 강이 터지면서 골짜기가 울렸다. 그해 눈은 메말라서 버스럭거렸다. 겨우내 가루눈이 내렸고, 눈이 걷힌 날 하늘은 찢어질 듯 팽팽했다. 그해 바람은 빠르고 날카로웠다. 습기가 빠져서 가벼운 바람은 결마다 날이 서 있었고 토막 없이 길게 이어졌다. 칼바람이 능선을 타고 올라가면 눈 덮인 봉우리에서 회오리가 일었다. 긴 바람 속에서 마른 나무들이 길게 울었다. 주린 노루들이 마을로 내려오다가 눈구덩이에 빠져서 얼어 죽었다. 새들은 돌멩이처럼 나무에서 떨어졌고, 물고기들은 강바닥의 뻘 속으로 파고들었다. 사람 피와 말 피가 눈에 스며 얼었고, 그 위에 또 눈이 내렸다. 임금은 남한산성에 있었다."

김훈의 『남한산성』 중에서

**아차산에 고구려 Story를**

5호선 아차산역에서는 특히 '아차!' 하고 두고 내리신 물건이 없는지 확인하시기 바랍니다.

문화관광부와 구리시는 아차산에 고구려 Story를 입히는 공동 작업을 추진했는데, 이름 하여 '아차산 고구려 박물관' 프로젝트입니다. 구리시는 고구려 역사박물관 건립을 위한 범국민 성금 모금 운동과 함께 아차산 입구에 고구려 대장간 마을을 조성하고, 교문동에 광개토대왕비 복제비와 동상을 건립하는 등 아차산 주변에 고구려 역사 Story를 입히고 있으며, 또 대장간마을 → 시루봉 홍련봉 보루 → 광진구 자양·구의동 보루 → 망우산 한용운 묘역을 연결하는 역사 Story 탐방 코스를 개발했습니다.

여기에 문화관광부가 한국과학기술처에 이 박물관 건립 기본계획을 위한 연구용역을 의뢰하여 예비타당성 조사와 구체적 건립 계획을 세우고 아차산 일대 42만㎡에 고구려 역사체험 공간인 공원을 조성하기로 했다는군요. 이 역사공원에는 출토된 철기류와 토기류 등 1,500여 점의 유물을 전시하는 전시관, 고구려 병영체험관, 고구려 고분벽화와 장수왕릉 재현 시설, 고구려 활터, 숙박시설 등이 들어선다는데, 이런 하드웨어에 세련된 소프트웨어(Story)가 혼魂을 불어넣듯 녹아든다면 아차산 고구려 Story 프로젝트는 반드시 성공할 것입니다.

## DMZ는
## 지구 최후의 관광낙원

**3D 애니메이션 〈두더지 가족〉**

한민족을 가로막은 DMZ가 지구 최후의 관광낙원이 될 줄이야.
아, 그럼에도 불구하고 눈물이 납니다.

DMZ(비무장지대)란 서쪽으로 예성강과 한강 어귀의 교동도喬棟島
에서부터 개성 남방의 판문점을 지나 중부의 철원·금화를 거쳐
동해안 고성의 명호리까지 이르는 155마일(약 250km)의 군사분계
선MDL을 중심으로 남북 각 2km, 총 4km 약 3억 평의 완충지대를
가리킵니다.

DMZ는 1953년 7월 27일 '한국전 정전협정'에 의해 설치되었습
니다. 군사분계선과 남방한계선 사이, 즉 DMZ 남측지역 관할은
정전협정 체결의 주체인 유엔이 맡고 있기 때문에 DMZ 출입 승
인은 물론 남북한 충돌 발생 시 현장조사 등도 모두 유엔이 직접
진행합니다.

DMZ(비무장지대)는 이처럼 출입이 제한적인 구역이지만 영화화까지 됐던 JSA(판문점 공동경비구역)는 쌍방이 공동으로 경비하는 비무장지대 안의 특수지역으로, 최근 이곳 DMZ에 Story를 입히는 작업이 한창입니다.

1972년 민간인출입통제선(민통선) 정착촌으로 개발된 통일촌을 DMZ브랜드 마을로 조성하고, 임진각 관광지에 DMZ 종합홍보관이 들어섭니다. 민통선 내 반환 미군기지인 캠프 그리브스 내 숙소와 사무실, 체육관, 강당을 안보·생태·문화예술(미술) 체험시설로 활용합니다. 또 영국군 전투 전적비가 있는 적성면 설마리 일대에 글로스터 연대 추모공원이 조성된다고 하는군요.

그리고 외국인 관광객 등 연간 100만 명이 방문하는 도라산 전망대를 이전·신축한답니다.

지구 상에 250km 반도를 횡단하여 4km 너비의 3억 평에 60년간 인간의 발걸음이 닿지 않은 곳은 한반도의 DMZ뿐입니다.

통일이 되어도 이곳은 유리 방음벽 육교를 설치하여 왕래하고 그대로 보존시켜야 합니다. 지뢰밭의 녹슨 철모에 무심한 꽃(지뢰꽃이라 부른답니다.)이 피고 지며, 아픈 현대사를 고스란히 품은 이곳의 Story는 우리 민족에게서 지워질 수 없는 고유한 이야기이니까요.

38선을 테마로 한 3D 애니메이션 〈두더지 가족〉 작업이 예술의 전당 고학찬 대표님의 천재적 아이디어로 한창 진행 중인데요, 내용은 … '영업비밀'이라네요.

## 08

# 전통문화를 담은 불꽃놀이

### 안동 하회마을 〈선유船遊 줄불놀이〉

2010년 11월 경북 안동에서 첫 구제역 신고가 접수되어 대한민국이 한바탕 홍역을 치르면서 "안동에는 역이 두 개가 있는데, 하나는 안동역이고, 다른 하나는 구제역"이라는 우스갯말이 한동안 떠돌았습니다.

당시에는 안동에 가면 사람도 당장 구제역에 걸리는 양 호들갑을 떨어 거리가 황량하기 이를 데 없었답니다. 저도 그때 안타까워 몇몇 뜻있는 분들과 함께 안동에 내려가 찜닭도 먹고, 말린 산나물, 들기름 등을 사 들고 왔지만, 그게 지역 경제에 얼마나 도움이 되었겠어요. 그저 흉흉한 소문으로 사람이 그립기에 얼굴 마주 보고 웃고 오는 것뿐이지요.

또 한 번은 MBC 사회공헌팀의 도움으로 용산·남대문 쪽방 사람들과 함께 안동에 가서 모심기도 하고, 이야기도 듣고 '까치구멍'이라는 예쁜 Story를 지닌 집에서 헛제삿밥을 먹기도 했습니다.

선조들의 문화적 향기와 아름다운 고택들, 그 안에 흐르는 고고

한 선비 정신이 느껴지는 이 역사와 전통의 도시 안동에 아주 재미있는 축제가 생겼습니다. 사실 지자체 주도로 최근에는 지역마다 축제가 유행입니다. 하지만 내용만 보면 도통 어느 고장의 축제인지를 알 수 없는 축제들이 많습니다.

이런 와중에 하회마을의 〈선유船遊 줄불놀이〉는 전통문화를 멋지게 되살려낸 아름다운 불꽃잔치입니다. 음력 7월 열엿새 날 밤 하회마을 선비들이 즐겼다는 이 불꽃놀이는 조선말에 맥이 끊겼다가 〈안동 국제탈춤페스티벌〉을 통해 부활된 것입니다.

조선일보의 오태진 수석논설위원이 묘사한 이 축제의 Story를 잠깐 소개해 보겠습니다.

줄불놀이는 그날 오후 병산서원 앞 강물에 달걀 껍데기나 잘게 쪼갠 바가지 몇백 개를 띄워 시작한다. 거기에 들기름이나 피마자 기름 먹인 솜덩이를 얹어 불을 붙인다. 이 '달걀불'이 강물에 떠 가 어둑해질 무렵 하회마을 앞에 다다른다. 부용대와 마을 강변 만송정 솔숲 사이 공중엔 긴 새끼줄 네댓 개를 왕복으로 걸어놓는다. 그 줄에 뽕나무 뿌리를 태운 숯가루와 마른 쑥으로 삼은 심지를 한지 봉투에 담아 줄줄이 매단다.

달걀불이 환히 핀 연꽃처럼 점점이 부용대 앞까지 떠내려오고 둥근달이 떠오른다. 때맞춰 봉투 심지에 불을 붙여 부용대 쪽에서 천천히 줄을 당겨 올린다. 부용대 위에선 소나무 무더기 '솟갑단'에 불을 질러 떨어뜨린다. 허공엔 타닥타닥 불꽃 튀기는 '줄불'이

떠가고, 절벽에선 불더미가 '낙화落火'하고, 선비들은 배 띄워 술잔 돌리며 시창詩唱을 읊는다.

– 조선일보 칼럼 [오태진의 길 위에서] 중에서

이런 재미있는 story에 운치 있는 불꽃놀이가 세상천지 어디에 있을까요?

# 스트레스와 유머

Humor Leadership In Communication

스트레스의 요인은 다양한 형태로 나타나지만 하나의 공통점이 있습니다. 그것은 개인이 대응할 수 있는 능력의 범위를 초과하여 더 많은 것을 요구할 때 이것을 느낀 개인은 스트레스나 잠재적 스트레스를 받게 된다는 것입니다. 우리가 스트레스에 반응하는 동안 우리 몸속에는 수많은 변화가 일어납니다. 사람이 살면서 과도한 스트레스에 장시간 노출되다 보면 스트레스를 주는 요인에 대응할 수 있는 능력이 소진되고 맙니다. 실제로 현대인의 질병은 상당 부분 스트레스가 원인이 되어 발병된다고 합니다.

　캐나다 내분비의학자이며 생물학자 '한스 셀리예'Hans Selye 박사는 신체의 생물학적 반응 메커니즘을 설명하기 위해 스트레스라는 단어와 이론을 처음 제시하였는데, 스트레스를 어떤 요구에 대한 신체의 불특정 반응이라고 정의합니다. 그가 "인간이 스트레스를 받지 않는 유일한 방법은 무덤으로 가는 길밖에 없다."라고 말했던 것처럼, 우리가 숨을 쉬는 한 스트레스를 피할 방법은 없습니다. 그동안 스트레스를 감소시키기 위한 많은 연구와 다양한 시도와 노력이 있어 왔지만, 스트레스의 요인이 되는 상황과 환경 그리고 그것을 받는 사람에 따라 그 반응이 모두 다르기 때문에 쉽게 해결되지 못하고 있는 실정입니다.

그러면 스트레스와 갈등 완화에 있어서 유머가 왜 필요한 것일까요? 우리는 예나 지금이나 사회적·경제적으로 많은 스트레스와 갈등요인들에 둘러싸여 좌충우돌하며 살아가고 있습니다. 이러한 환경은 논리와 이성으로 풀어나갈 수 있는 것들이 거의 없습니다. 기업조직 내에서 발생하는 직무 스트레스는 종종 동료 간 인간관계에까지 갈등을 초래하는 부정적 영향을 미칩니다.

이때 가장 필요한 것은 스트레스를 완화시켜주고 기분을 상승시켜주는 일입니다. 그런데 그 도구로서 유머는 매우 유용하며 효과적입니다. 다시 말해 스트레스를 받는다는 것은 극도의 긴장상태를 초래하므로 이완을 해 줌으로써 심신의 긴장을 풀어줘야 합니다. 그러므로 가장 효율적인 이완의 매체 중 하나인 유머는 산재되어 있는 갈등요소와 스트레스를 감소시키며, 분위기를 밝고 긍정적으로 전환시키는 데 있어서 반드시 필요한 것입니다.

# 01

# 담배 끊으면 뽀뽀해 줄게

저도 heavy smoker는 아니었지만, 늦은 밤 글을 쓸 때 생각나는 삼우=ㅊㅏ가 있으니, 찌그러진 사이로 검댕이 찌든 양은 냄비에 계란 안 넣고, 뚜껑 열고 끓인 꼬들라면 한 그릇. 여기에 비라도 내리면, 담배 한 모금이 정말 땡겼답니다. 그런데 얼마 전 모질게 끊어버렸어요.

담배는 한 번에 끊어야지, 줄이면서 끊는다? 있을 수 없는 일이에요.

어떤 연유로 사랑하는 사람과 헤어져야 한다면, 단번에 끊어야지, 매일 만나던 것을 일주일에 한 번 만나고, 얼마 있다 보름에 한 번 만나고… 말이 된다고 생각하시는 분, 손 좀 들어보세요.

또 담배 생각을 의식적으로 안 하려 하면 '코끼리 효과'라 해서, 심리적으로 그 상징물이 떠오르는 법이니, 아예 당분간은 책상 위에 담배를 두고,

'아이고 저 몸에 해로운 놈….' 하면서 무시해버리세요.

'담배 좋아하는 나도 방금 담배 피운 사람이 앞으로 다가오면 냄새가 역겨운데, 담배를 싫어하는 가족들은 어떨까?' 하고 입장 바꿔 생각해 보세요.

한 후배는 재미있는 동기로 금연을 하게 되었대요.
평소 무척 호감을 가지던 여성이 있었는데, 술자리에서 담배를 피우니 귀에 대고 남몰래 입김도 간지럽게 속삭이더래요.
"오빠, 오빠는 다 좋은데 담배 냄새가 너무 싫어요. 한 달만 담배 끊으면, 내가 뽀뽀해 줄게요." 하더라는 거예요.

그 이야기를 듣는 순간 가슴이 쿵덕거리며, 그동안 자신의 삶의 나태함에 대하여 전의戰意가 불타오르더라나요? 그래서 담배 생각이 날 때마다, 그 아름다운 여성의 입술을 떠올리며 참고 참다 한 달간의 금연에 성공했대요.
그러고는 개선장군처럼 그 여성을 만나
"나 한 달 간 금연했다!"
그러자 그 여성께서
"지난번에 귀엣말 약속은 담배 끊으라고 한 말이니까, 잊어버리시고 평생 금연하세요."
띵~~!

이런 거짓말은 아름다운 거짓말입니다.

이처럼 때로는 거짓말도 착한 거짓말이 있답니다.

주일마다 하는 저의 착한 거짓말.
"아버지, 저를 용서하여 주십시오."
그리고는 일주일간 또 죄를 짓고….
그러면서 왜 교회를 다니느냐구요?

그럼~ 어차피 더러워질 얼굴이라고, 세수 안 하고 삽니까?

## 술잔을 부딪치는 사연

건강을 위해서 또 하나 냉큼 실천해야 할 일은 절주節酒입니다.

얼마 전 뉴욕타임즈 해외판에는 한국을 알코올소비 세계 13위, 폭음은 세계 1위이고, 대학생의 절반이 폭음 후 필름이 끊긴 적이 있다고 하며, 주폭이 경찰을 때리는 세계 유일의 나라라고 보도하였답니다.

한국 남성들, 부끄러운 줄 아세요!

이런 현상은 우리나라가 술 문화에 너무 관대한 탓이지요. 주폭은 조폭 수준에서 다루어야 합니다. 그런데 여러분! 술을 마실 때 왜 술잔을 쨍! 하고 부딪히는지 아세요?

술을 마실 때 왜 잔을 부딪치느냐

눈으로는 영롱한 신의 눈물인 술을 보고,

코로는 그윽한 술향기를 맡으며,

입으로는 임의 입술처럼 달콤한 술맛을 보는데,

귀만 할 일이 없어 심심하니까,

귀 들으라고 술잔을 쨍! 하고 부딪히는 거라구요~


여성들이 많은 모임에서 남성이 하기 딱 좋은 건배사가 하나 있
는데, '나그네'예요.
참석한 여성분들께 운韻을 선창하라고 하세요.
나!
나는 그대들을 사랑합니다.
그!
그대도 나를 사랑합니까?
"네!"


너무 흔한 건배사는 뻔한 유머만큼이나 식상하답니다.
'남존여비'
지금이 어느 시대인데 남존여비냐구요? 성미도 급하셔!
남존여비란
남! 남자의
존! 존재 이유는
여! 여자의
비! 비용을 대는 데 있다~
요런 멋진 건배사입니다.

야하게 업그레이드된 버전도 있어요.

**남!** 남자의

**존!** 존재 이유는

**여!** 여자가

**비!** 비명을 지르게 하는데…. (19금禁이에요)


요즈음 경상도 사나이들 사이에 싸이의 〈강남스타일〉처럼 번지고 있는 건배사가 있습니다.

**사우디!**

**사!** 사나이

**우!** 우정은

**디!** 디질 때까지


건배사는 아니지만, 옆자리 아름다운 여성에게 이런 멘트 어때요?

"오늘 밤 시간 있으세요?"

"네?"

"시간 있으면, 술 한 잔 따라 주세요."

# 음주 십계명

자, 우리 음주 십계명을 낭송하며, 바른 음주문화를 정착시킵시다.

일! 일차에서 끝내고

이! 이차 이상은 가지 맙시다.

삼! 삼차 이상 가는 사람은

사! 사람 잡을 사람이니, 근처에도 가지 맙시다.

오! 오직 자기 주량대로 마셔

육! 육체를 혹사시키지 맙시다.

칠! 칠칠맞게 끌려다니다, 다음 날 후회 말고

팔! 팔팔하게 삽시다.

구! 구차한 변명 늘어놓지 말고

십! 십계명 지켜서 자신과 가정을 지킵시다.

## 칭찬하며 살아요

마누라를 칭찬하면 용돈이 올라가고
처갓집을 칭찬하면 씨암탉이 올라가고
자식을 칭찬하면 성적이 올라가고
후배를 칭찬하면 능률이 올라가고
상사를 칭찬하면 직급이 올라가고
사장님을 칭찬하면 봉급이 올라가고
손님을 칭찬하면 매출이 올라갑니다.
이처럼 남을 칭찬하면 인기가 올라가지만,
남을 흉보면 혈압만 올라갑니다.

제가 하도 칭찬하며 살자고 전도를 하며 다니니까, 얼마 전 예술의 전당 사장을 지낸 김순규 전 문화부차관님께서 저에게 〈칭찬하며 살아요〉란 노랫말을 지어주셨어요. 작곡가 김학민 후배에게 곡을 쓰게 해서, 천사 가수 이수나와 제가 듀엣으로 〈칭찬하며 살아요〉란 노래를 취입했습니다.

'개인 칭찬'도 좋지만, 기업이나 정부기관 내 '집단 칭찬'이 중요합니다.

쑥스러워 말고, 자랑거리를 사내 커뮤니케이션을 통해 알려서 성공 사례를, 새로운 정보나 지식을 공유하십시오. 성과가 좋은 기업과 그렇지 않은 기업 간에는 지식 공유를 위한 노력의 정도가 8배나 차이 난다고 합니다.

칭찬은 고래도 춤추게 하는 것은 옛말이고, "칭찬은 고래고래 소리 지르는 주정꾼도 다소곳하게 만든다."는 게 일선 경찰관의 전언입니다.

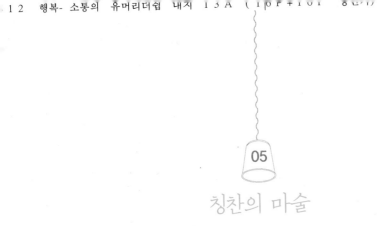

## 칭찬의 마술

이 세상에서 가장 인색한 사람은 돈을 아끼는 사람이 아니라, 칭찬을 아끼는 사람입니다.

요즈음 친구 셋이 모여 한잔하다가 아무리 소변이 급해도 절대로 혼자는 화장실에 못 간답니다. 왜냐? 남은 두 친구가 바로 씹기 때문이랍니다.

남을 칭찬하십시오.

남을 칭찬하면 나는 낮아지고 남만 높아지는 것 같지만, 절대로 그렇지 않습니다.

널뛰기를 할 때, 나를 낮추면 낮출수록 상대만 높이 올라가고, 나는 낮아지는 것 같지만, 상대가 높이 올라가면 올라갈수록 그가 떨어지면, 그다음에는 내가 더 높~이 올라가는 법입니다.

이것이 바로 나를 낮추면, 내가 높아지는 칭찬의 마술입니다.

칭찬은 예산 편성 없이 모든 사람들의 꿈을 이루어 주는 마법의 복지항목입니다.

## 미워하지 않으리

'정원'이라는 가수의 노랫말이기도 하지요.

사람을 미워하지 말아야지 생각하면서도, 어쩔 수 없이 얄미운 사람이 있게 마련이지요.

특히 여성의 입장에서 보면, 학교 다닐 때 인물만 반반해 가지고 날라리에 공부도 지지리 못했는데, 좋은 집안에 시집 잘 가 요조숙녀窈窕淑女 행세하는 여자가 그렇구요.

성형수술을 한 건 분명한데, 징그럽게 표 안 나는 여자가 그렇구요.

주전부리를 달고 사는데, 살 안 찌는 여자가 그렇구요.

죽기 직전에 하느님 믿고 천당 간 여자,

이런 여자들이 참을 수 없이 얄미운 여자 군상群像입니다.

누구를 미워한다는 것은 곧 자기를 미워하는 것입니다. 미워하는 대상은 영문도 모르고, 아무렇지도 않은데, 미워하는 사람만 혼자서 못 견디게 괴로운 겁니다.

그러나 미움보다 무서운 것은 사실은 무관심입니다.

누구를 미워한다는 건, 그 사람에 대한 관심이 내 마음속 깊이 자리 잡고 있다는 의미이기 때문이죠.


어느 시인의 시구처럼 '꽃이 절규하듯 피어 있는 것은, 줄기 끝 벼랑에 내몰렸기 때문'이듯, 미움이 징하게 마음에 피어 있는 것은, 이미 용서가 마음 끝 벼랑에 내몰렸기 때문입니다.

이럴 때 슬그머니 미움의 짐을 내려놓으십시오.

나이가 들어서도 미움을 내려놓지 못하는 사람은, 차를 타고도 들고 있는 짐을 내려놓지 못하는 어리석은 사람입니다. 용서는 내가 진 짐을 내려놓는 일이니, 나 자신을 위해서 하는 일입니다.


용서한다는 말, 아니하셔도 되옵니다.

그 사람만 생각하면 찌푸려지던 인상을, 그저 슬며시 펴시기만 하면 되옵니다.

# 복날은 간다

60갑자에서 갑을병정무기경, 하지夏至 후 셋째 경일慶日을 초복, 대개 열흘 지나 넷째 경일을 중복, 대개 열흘 지나 입추 후 첫 경일을 말복이라 하는데, 20일 지나 말복이 들면 월복越伏했다고 합니다.

그런데 복날 '보양식' 하면 떠오르는 것이 아무래도 보신탕(영양탕)이지요? '복날'이라고 할 때 쓰이는 엎드릴 복伏 자만 봐도 사람 인亻 변에 개 견犬 자를 쓰고 있잖아요.

그래서 복날이면 견공犬公들이 슬그머니 마루 밑으로 숨곤 하지요.

중국에서는 기원전 679년부터 개를 잡아 삼복 제사를 지냈다는 기록이 있고, 우리나라도 동의보감, 열양세시기, 동국세시기 등에 복날 개장국을 끓여 조양, 곧 "양기를 돋았다."라는 기록이 보입니다.

옛 풍습에는 복날 조정에서 벼슬아치에게 한여름에 얼음 배급표인 빙표氷票를 나눠주어 궁궐의 얼음 창고인 장빙고에서 얼음을 타 가게 했고, 양반들은 요즘 삼계탕이라 부르는 계삼탕을, 서민들은 요즘 보신탕이라 부르는 구탕狗—을 먹었고, 대궐에서는 민어탕을 들었답니다. 또 여름을 잘 나라고 무병을 기원하는 벽사辟邪(사귀를 물리침)의 의미로 동짓날처럼 팥죽을 쑤어먹기도 했답니다.

보신탕 음식문화에 대해서는 국내외적으로 동물애호단체의 비난이 많지요. 물론 집에서 키우는 애완용을 식용하는 것은 아니지만, 단백질 공급원이 다양한데 굳이 보신탕을 잡수셔야 직성이 풀리시는 건지, 한 번 고민해보자구요.

그런데 왜 값이 싼 것을 '개값'이라고 하잖아요?
지금은 애완견 한 마리에 수백만 원도 호가하기도 하고, 보신탕이 불고기보다 비싸지만, 예전에는 동네에 흔한 게 개라 값어치가 없었기 때문이죠.
그러다 보니 '개'라는 말을 가짜, 욕 또는 조롱의 의미로 쓴 겁니다.

빛 좋은 개살구
개구멍받이(업둥이)
바람난 개구멍서방
춤 중에서도 개다리춤

소반 중에서도 개다리소반이 웃기고,

참봉 중에서도 돈 내고 얻은 개다리참봉은 어떻고

맛없는 참외를 개똥참외라 하고요,

망신 중에서도 상망신을 개망신이라고 하잖아요.


개자만 들어가면 개판이구만요.

그나저나 요즘은 제가 돈이 떨어져서 개털 신세입니다.

하지만 복날만 지나면 '개팔자가 상팔자'입니다.


솔로몬의 반지에 It will pass away as well

"이 또한 지나가리라."라고 쓰여 있다잖아요.

견공 여러분,

복날은 갑니다.

힘드신 분들,

씩 웃으며 조금만 기다려 보세요.

# 길의 끝은
# 길의 시작입니다

1월 1일이 되면 나이를 한 살 더 먹는 게 맞는가요?

그런데 왜 하필이면 1월 1일이지요?

1월, 즉 January란 Janus(야누스)의 달이란 뜻이에요. 라틴어 야누아리우스Januarius에서 유래된 것이에요.

야누스란 원래 앞뒤를 동시에 향하는 두 얼굴의 사나이 모습을 한 로마의 신이잖아요.

그래서 이중적인 사람을 일컬어 '야누스의 얼굴을 가진 사람'이라고들 부르지요.

이제 눈치채셨겠지만, 1월을 야누스의 달, 즉 제뉴어리January라 이름 붙인 이유에는 묵은해와 새해의 접점接點이란 뜻이 있는 겁니다.

경계선, 접점, 비등점 등 한계점의 개념이 참 중요한 의미를 지닙니다.

비등점이란 1기압에서의 물의 끓는 점이 100℃니까, 엄밀히 말하면 99.9999999…℃에서는 안 끓다가, 0.00000001℃가 더 올라가야 끓기 시작한다는 거 아니겠어요?

논리학의 명제 중에 '낙타의 허리를 부러뜨리는 지푸라기 한 올'이란 개념이 있어요.

어떤 낙타가 최대한 짐을 실을 수 있는 무게가 정확히 150.58158kg이라고 가정할 때, 곧 그 무게보다 조금이라도 더 실으면 낙타의 허리가 부러진다고 가정할 때, 여기에 지푸라기 한 올을 얹어놓으면, 논리적으로 '낙타의 허리는 부러진다.'는 결론이 나옵니다.

모기가 정밀한 전자저울에 앉아 있을 때 저울 바늘이 미동도 하지 않고 있다면, 모기의 몸무게는 제로라는 엉뚱한 결론에 도달하게 되잖아요?

그게 바로 선거 때 여론조사에서 많이 듣던 오차범위 내이기 때문이죠. 이처럼 과학도 논리학도 정체성을 잃으면 궤변으로 흐를 수 있다는 말씀을 드리고 싶은 거예요. 너무 관념적, 논리적 사고에 사로잡혀 시작이라는 개념에 집착하지 말자, 그런 말씀이에요.

졸업을 graduate라고 하는데, 이는 또 시작을 의미하기도 하잖아요.

졸업은 끝이 아니라 다음 단계의 시작이지요.

저도 대학만 졸업하면 모든 게 끝인 줄 알았는데, 아이고 고생문의 시작이더라구요. 그래서 '케루억'은 '길의 끝은 길의 시작'이라고 갈파했지요.

어두운 터널의 끝은
어둠이 아니라 빛입니다.

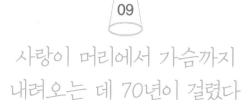

# 09

## 사랑이 머리에서 가슴까지 내려오는 데 70년이 걸렸다

인천공항에서 남극 세종기지까지 가장 빨리 가는 방법을 아세요? 최단거리와 공항 대기시간을 잘 따져서 경유지를 선택해야 하겠는데, 아무래도 전문가와 상의를 해봐야겠죠?

그건 상식적인 답변이고요, 사랑하는 사람과 함께 가면 눈 깜짝할 사이에 갑니다.

시간의 길이는 참 상대적입니다. 즐거운 시간은 빨리 가고, 하기 싫은 일은 너무 시간이 안 가고… 그런데 나이가 들면 세월이 빨리 가는 것처럼 느껴지는 건 왜 그럴까요?

초등학교 때는 일주일 전 금요일 날 점심시간에 친구가 싸온 도시락 소시지 반찬 뺏어 먹은 것도 생각났는데, 나이가 들면 어제 점심을 누구하고 먹었는지조차 기억이 안 나는 법이지요.

이처럼 나이가 들면 기억나는 사건의 수가 적기 때문에 한 일이 별로 없는 것처럼 느껴져 상대적으로 하루가 금방 가고, 일주일도

후딱 가고, 한 달도 휙 지나가고, 일 년도 쏜살같이 지나가는 겁니다.

그래서 같은 1년이라도 10대에는 10km 속도로 가고, 20대에는 20km, 40대에는 40km, 50대에는 50km, 80대에는 80km로 지나간다고들 하지요.

나는 시속 몇 km인고 하니~ 하하… 남자 나이 묻는 게 아닙니다.

김수환 추기경님 말씀
"사랑이 머리에서 가슴까지 내려오는데, 70년이 걸렸다. 나는 바보다."

# 지공의 나이

우리는 예로부터 60세를 육순六旬, 61세를 환갑還甲 또는 회갑回甲, 62세를 진갑進甲, 70세를 고희古稀라 불렀고, 77세를 희수喜壽, 80세를 팔순八旬 또는 산수傘壽, 88세를 여덟 팔八 자에 두 개에 열십十 자를 쓰는 관계로, 쌀 미米를 써서 미수米壽, 90세를 졸수卒壽, 99세를 백수白壽라고 부르는데, 여기서 白이라 쓴 것은 百에서 1이 모자라서 一을 빼고 白이라 씁니다.

그러면 퀴즈 나갑니다.

**공자님께서는 65세를 무어라 부르셨을까요?**

**정답은?**

지공의 나이!

지하철 공짜로 타는 나이입니다.

# 굵고 길게 삽시다

뭐? 짧고 굵게 살겠다구요?

그건 오십 넘으면 노인 대접받고, 나이 들어 세상을 초월해 살 나이를 일컬어 '환갑還甲 진갑進甲 다 지난 나이'라는 말을 쓰던, 호랑이 담배 먹던 시절 이야기입니다. 환갑이라야 우리 나이로 예순한 살, 진갑이라야 예순두 살, 새파란 장광팔의 나이예요.

여기서 잠깐! 나이는 만으로 따지는 셈법보다 우리 나이가 과학적으로나 윤리적으로도 맞는 셈법이라는 사실을 짚고 넘어가자구요.

우리 나이를, 한 살 앰한 나이를 먹는다며 비과학적이라고 아는 척들 하는데, 우리 조상님네들은 수태가 되면 이때부터 생명체로 인정하여 나이를 세었던 것이지요. 우리 민법에서도 개별적 보호주의에 입각하여 태아의 권리능력을 인정하고 있잖아요.

환갑還甲은 육십갑자六十甲子를 새로 바꾼다는 뜻으로 환갑環甲이라고도 쓰고, 주갑周甲, 환력還曆 또는 회갑回甲이라고도 합니다.

예전에는 60년만 살아도 장수했다고 여겨 환갑잔치를 떡 벌어지게 차렸으니, 이를 화연花宴, 환갑연還甲宴 또는 회갑연回甲宴이라고 하였습니다.

지금 생각하면 '소금이 실' 일이고, 소가 말춤을 출 일이지요.

지공의 나이, 즉 지하철 공짜로 타는 나이도 안 된 새파란 설늙은이입니다.

공자님께서는 일흔 살이 되면 종심從心이라 하여, 무슨 일을 해도 흉이 되지 않는다 하셨고, 일흔 살을 두보杜甫는 곡강시曲江詩에서 인생 칠십 고래희人生 七十 古來稀라 하여, 고희古稀 곧 일흔 살이나 사는 일은 예로부터 드문 일로 여겼습니다. 그러나 요즈음은 일흔 살에 노인정에 나가 봐야 담배 심부름이나 하고, 지하철에서 경로석에 앉았다가 제대로 임자 만나면 면박당하기 십상인 나이입니다.

이제는 팔십은 보통이고 구십 넘어도 정정하게 사는 시대입니다.

제 주위만 보더라도 배뱅잇굿으로 유명한 무형문화재 이은관 선생님이 아흔일곱에 돌아가실 때까지 저와 봉사공연을 다니셨어요.

전설의 테너 스테파노, 마리아 칼라스와 동문수학同門受學한 세계적인 테너 김신환 선배님이 여든셋이신데, 아직도 현역입니다.

굵고 길게 삽시다.

# 12

## 까르르 까꿍!

　얼마 전 통계청 발표에 의하면, 71년생 돼지띠 남성의 기대수명을 80.1세로 예측하고 있습니다.

　이때 현시점이 아닌 '예상보다 빠른 의학발달' 변수를 감안하면, 절반이 94세, 여성의 경우에는 96세까지 산다는군요. 더욱이 '스티븐 오스테드' 교수는 20~30년 내에 수명을 30% 정도 연장시키는 약이 개발돼, 지금 생존자 중 150세를 기록할 사람이 나올 것이라는 전망입니다.

　뭐? 150세까지 사는 것이 징그럽다구요?

　속으로는 그 약이 언제 나오나? 가격은 얼마나 할까 궁금하지요?

　제가 모를 줄 알구요?

　조물주께서 소를 창조하시고는,

　"너는 60년을 살아라. 단, 사람들을 위해 평생 일만 하며 살아야 하느니라." 하셨대요.

　그러자 소는 일만 하며 살라는 것이 억울해서,

"60년은 너무 기니, 30년만 살게 해 주세요." 해서, 소의 수명이 30년이 된 거래요.

조물주께서 개를 창조하시고는,
"너도 30년을 살아라. 단 사람들을 위해 평생 집만 지키며 살아야 하느니라." 하셨대요.
그러자 개도 집만 지키며 살라는 것이 억울해서,
"30년은 너무 기니, 15년만 살게 해 주세요." 해서, 개의 수명이 15년이 된 거래요.

조물주께서 원숭이를 창조하시고는,
"너도 30년을 살아라. 단, 사람들을 위해 평생 재롱만 떨며 살아야 하느니라." 하셨대요.
그러자 원숭이도 "30년은 너무 기니, 15년만 살게 해 주세요." 해서, 원숭이의 수명이 15년이 된 거래요.

마지막으로 조물주께서 사람을 창조하시고는,
"너도 30년을 살아라. 단, 너에게는 모든 것을 선택할 수 있는 자유의지를 주겠노라." 하셨대요.
그러자 사람은 "저에게 선택할 수 있는 자유의지를 주셨으니, 소가 버린 30년, 개가 버린 15년, 그리고 원숭이가 버린 15년을 다 주세요." 해서, 사람의 수명은 90년이 된 거래요.

그래서!

사람은 원래 조물주께서 주신 30년 동안은 부모 덕분에 편안히 살고,

소가 버린 30년 동안은 일만 하며 살고,

60세 정년이 되면, 개가 버린 15년 동안 집만 지키며 살고,

나머지 원숭이가 버린 15년은 손주 앞에서

"까르르 까꿍!"

재롱떨며 사는 거랍니다.

## 13

# 세뱃돈 2만 5천 원

한번은 설날 〈그리운 금강산〉을 지으신 최영섭 선생님(들국화 리더 최성원 부친)께 세배를 가려고 전화를 드리니

"장 선생, 나도 선생님께 세배를 가는 길이야." 하시더군요.

"아니, 선생님께서 여든이 넘으셨는데, 누구한테 세배를 가세요?" 하니,

"응, 김동진 선생님(〈가고파〉 작곡가)께서 올해 아흔여섯이셔."

다음 날 세배를 가니 세뱃돈으로 2만 5천 원을 주시는 거예요.

"선생님, 왜 2만 5천 원을 세뱃돈으로 주세요?" 여쭈니

"어제 선생님께 세뱃돈으로 5만 원을 받았거든."

그 일이 있고 얼마 후 평소 예술가에 관심이 많은 중앙일보 조 강수 기자에게 김동진 선생님과의 인터뷰 일정을 잡아주겠다는 필자의 약속은, 얼마 후 선생님께서 하늘나라로 여행을 떠나셔서 지키지 못해 지금도 아쉽습니다.

# 14
## 준비된 자만이 누리는 덤

　굵고 길게 살려면, 마음을 비우고 여생은 남을 도우면서 즐겁게 사는 인생 이모작二毛作을 준비하는 자세가 필요합니다.

　연세가 드셨더라도 오늘은, 내 인생의 남은 첫날입니다.
　그리고 오늘은 어제 내가 그렇게도 학수고대하던 바로 내일입니다.
　설레는 마음으로 목표를 세우고 계획을 세우십시오.

　젊은 날 정말 하고 싶어 안달을 했던 일,
　그러나 나 살기 바빠 엄두도 못 냈던 바로 그 일 말입니다.
　이 일은 아무도 모르게 티 내지 말고, 마음을 비우고 준비해야만 성공할 수 있습니다.
　우리 모두 마음을 비우고 굵고 길게 삽시다.

# 15

## 금식과 메뉴판

나이 듦에 대해서 젊은 분들이 크게 착각하는 세 가지가 있어요.

젊은 사람들은 '자기는 늙지 않으리라고 착각하는 것'이 그 첫 번째예요.

〈가는 세월〉을 부른 서유석 선배는 신곡에서 젊은이에게 이렇게 묻습니다.

"너는 늙어봤니? 나는 젊어 봤단다."

또 나이 든 못생긴 여자는 유혹에 쉽게 넘어갈 것으로 착각하는 것이 그 둘째구요.

늙은이가 젊고 예쁜 여자를 뚫어지게 쳐다보면 망령 난 것으로 착각하는 것이 그 세 번째입니다.

한 노신사가 아들과 함께 부인을 문병하러 병원으로 가던 길에 아름다운 여성을 쳐다보며 침을 흘리자, 아들이 민망해서

"아버지, 어머니도 입원해 계시는데, 젊은 여성을 그렇게 빤히 쳐다보시면 어떡해요?"

하며 핀잔을 주자, 노신사 하시는 말씀

"이놈아, 금식한다고 메뉴판도 못 보냐?"

# 119가 몇 번이에요?

나이가 들수록 기억력이 저하되는 것은 뇌 속의 해마라는 부위의 세포가 줄어들기 때문인데요, 용불용설用不用說(라마르크의 진화설)이라, 머리를 쓰기 싫어하는 현대인의 습관 탓도 있어요.

예전에는 가족들 전화번호는 말할 것도 없고, 친구나 친척 전화번호, 심지어 청자다방 박 마담 전화번호까지 다 외웠는데, 이제는 핸드폰을 집에 두고 나오면 집에도 연락을 못 합니다.

예전에는 18번이라 해서 보통 몇 곡, 노래에 소질이 있는 사람은 수십 곡의 가사를 2절, 3절까지 외워서 불렀는데, 노래방 반주기가 나온 후로는 애창곡도 화면의 가사를 안 보면 한 곡도 못 부르게 되었으니, 문명의 이기가 사람을 바보로 만든 겁니다.

한 집에 불이 났는데, 남편이 당황해서 "불이야! 불!" 하면서
"여보, 여보, 119에 전화 걸어야지~" 하니까, 아내가 묻는 말
"여보, 여보, 아, 119가 몇 번이에요?" 그러자,
"그걸 내가 어떻게 외워? 114에 물어봐!"

# 피부관리 잘 받으세요

나이는 숫자에 불과하다는 사실을 수학적으로 증명해 보일게요.

숫자 3이 2.9를 보기만 하면 "새~파랗게 젊은 놈이, 새~까만 후배가!" 하며 무시했대요.

그러던 어느 날 2.9가 3을 보고 "아그야! 이리 오너라." 하더래요.

깜짝 놀라서 3이 2.9를 보고 "너 돌았냐?" 하니까,

2.9가 하는 말이

"나 어제 피부과 가서 점 뺐어, 이놈아!" 하더래요.


가수 '비'를 출연시켜야 하겠는데, 개런티가 문제잖아요.

"누구 '비' 잘 아는 사람 없소?"

"아, 나 '비' 아버지 잘 아는데."

"아버지 소용없어. '비' 매니저를 알아야지."


그래서 제가 "저 '비' 매니저 잘 압니다." 하니,

주위에서 "와~ '비' 매니저가 누군데요?"


"비만관리!"

PART 7

# 유머소통

Humor Leadership In Communication

이제 꽉 막힌 소통의 길을 유머로 뚫어봅시다. 우리가 사람들과 소통을 할 때 무엇보다도 상대의 마음과 메시지를 읽는 민감한 센서를 작동시킬 수 있다면 얼마나 좋겠습니까? 대화의 상대에게 어떤 욕구가 있는지 또한 무엇을 불편하게 느끼는지를 미리 알아내서 배려하고 충족시킬 수 있는 소통을 시도한다면 아마도 불통은 사라질 것입니다.

그럴 수만 있다면 우리가 커뮤니케이션에서 늘 얘기하듯이 나의 언어로 소통하는 것이 아니라, 상대의 언어로 소통하는 것이 될 것입니다. 이것은 불가능한 것은 아닙니다. 내가 나를 내세우지 않으면 되고, 내 주장만 고집하지 않으면 됩니다. 상대를 이기고 나를 양보하지 않는 한 소통은 원 웨이 소통에서 절대 벗어나지 못합니다. 이럴 때 내 입장에서 한발 양보하고 상대를 배려하는 마음으로 감성유머를 보냈을 때, 상대가 진심을 읽는다면 비로소 굳게 닫힌 마음의 빗장은 열릴 것입니다.

이번에는 HUMOR라는 단어로 보는 유머소통 역량을 살펴봅시다.

H의 Humanity는 인간애라고 하는 커뮤니케이션을 위한 가장 큰 핵심 가치입니다.

U의 Understanding은 소통을 위해 서로를 먼저 이해하고 배려하는 것입니다.

M의 Mood는 유머소통을 위한 감성과 분위기를 말합니다.

O의 Optimism은 긍정적이고 낙관적이며 희망적인 소통의 자세입니다.

R의 Relationship은 인맥과 인간관계를 잘하는 것이 자산임을 말합니다.

먼저 소통하고자 하는 상대에 대한 인간애에서 출발하여야 하며, 그럴 때 서로에 대한 이해와 긍휼함이 생기기 시작합니다. 이때부터 감성이 움직이며 부드럽고 편안한 소통의 분위기가 만들어집니다. 유머는 긍정적이고 매우 낙관적인 태도를 만들어 내며 밝고 희망적인 대화가 열립니다. 이로써 얼었던 관계가 녹아지고, 굳어진 관계가 풀리며, 불통의 장막이 소통의 길로 자연스럽게 연결됩니다.

위에서 살펴본 바와 같이 HUMOR 속에는 소통을 잘하기 위해 갖추어야 할 역량과 자세들이 담겨 있는데, 누구나 마음만 먹으면 행동에 옮길 수 있는 것들입니다.

    우리는 위에서 유머와 스트레스 그리고 소통의 연결고리들을 살펴보았습니다. 최고의 해독제인 유머를 적재적소에 사용함으로써 즐겁게 소통하고 즐겁게 일하는 것은 의료비용과 사회적 비용을 줄이는 매우 경제적인 일입니다.

    논리나 이성으로 누군가를 설득하기란 쉬운 일이 아닙니다. 그것은 사람들마다 굳어진 선입관이나 고정관념, 그리고 자신만의 신념들로 둘러싸여 있기 때문입니다. 유머라는 감성매개체를 통해서 머리가 아닌 가슴으로 소통할 때, 비로소 마음을 열고 공감을 이끌어낼 수 있습니다.

# 귀신이 무식하면
# 부적도 안 통해

오늘날 우리 사회의 화두! 소통에 대해서 알아보기로 하겠습니다.

대면공화對面共話, 심격천산心隔千山이라는 말이 있습니다.

"얼굴을 마주 대하고 함께 대화를 나누어도, 마음 사이에는 천 개의 산이 놓여 있다."라는 말이지요.

직장 동료 간에도 이런 현상이 문제가 되지만, 더욱 심각한 것은 사랑하는 사람이나 부부간, 부모 자식 사이처럼 아주 가까운 사람일수록 소통이 안 되면 서로가 치명적인 상처를 받게 됩니다.

요즘처럼 세대 간, 이념 간, 소득 계층 간 세상만사 소통이 안 되는 사회도 드물었습니다.

그러면 어떻게 해야 소통이 원만하게 이루어질까요?

소통을 잘하려면 우선 지피지기知彼知己면 백전불태百戰不殆라, 불패不敗가 아니라 위태로울 태殆, 불태不殆가 맞습니다.

소통을 잘하려면 상대를 알고 나를 알아야 한다는 말씀이지요.

귀신이 무식하면 부적도 안 통하는 법입니다.

## 02
## 수다는 창조경제의 원천

혹시 댁에서 아내가 친구와 통화를 오래 한다고 절대로 타박하지 마십시오.

혹시 1시간이나 시시콜콜 수다를 떨고는 남편이 들어오면
"응~ 자세한 얘기는 조금 있다가 전화로 할게~" 하시더라도….

편한 친구와의 수다처럼 경제적으로 스트레스를 푸는 방법도 없습니다. 또 여성이 전화를 오래 한다 해도, 밤새 술 먹는 남성들처럼 1박 2일 전화를 하지는 않잖아요.

아무리 좋은 일이라도 밤을 새우는 일은 좋은 일이 아닙니다.
어떤 개업 집의 화환을 보니까 '축 개업', '대박 나세요' 옆에 쓰인 글귀가 걸작이었어요.
'밤새 돈 세다 잠들게 하소서'

이 시대의 트렌드도 '집단 수다'임은 종편(종합편성채널)의 집단토크쇼를 보면 알 수 있지요.

제약회사들이 죽을 쑤는 가운데 전년 대비 35% 신장을 보인 한국먼디파마의 비결은 회사 메일을 통한 '칭찬 수다'라고 이종호 대표이사는 중앙일보 비즈칼럼에서 이렇게 밝히고 있습니다.

집단 수다가 집단지성의 장場이 되려면, 커뮤니케이션의 방식과 내용이 긍정적이고 생산적이어야 한다는 거예요. 성공한 기업에서는 긍정성과 부정성의 비율이 2.9013. 즉, 일상적 업무환경에서 부정적 자극이 한 번 발생할 동안 긍정적 자극이 2.9번 나타난다는 거지요.

심리학자 '마셜 로사다'는 긍정성과 부정성의 비율이 6대 1일 때가 가장 이상적이라고 합니다.

그런데 한국먼디파마는 경영진이 직원들의 성공 story를 담은 자기자랑 메일을 전 직원에게 수시로 보내고, 한 통의 자랑 메일에는 50여 개의 이메일이 오고 가는 '집단 수다'가 이루어진다는군요.

'집단 수다'는 창조경제의 원천입니다.

# 또래 언어를 읽어라

나이 든 남성이 자신과 다른 집단, 즉 젊은이나 여성들과 소통을 잘하려면 진정성과 함께 또래 언어를 알아둘 필요가 있습니다.

갓난아기와 소통하려면 진정성과 함께 갓난아기의 옹알이를, 개와 소통하려면 진정성과 함께 개가 짖는 소리의 의미를 알아야 하듯 말입니다. 여기서 또래 언어란 나이나 성향이 서로 비슷비슷한 무리에서 쓰는 그들만의 언어를 가리킵니다.

예컨대 컴퓨터 약어, 군대 은어, 청소년들의 비속어에 이르기까지 다양합니다. 물론 청소년들의 언어폭력은 심각한 수준이지만, 저는 나이가 들면 저절로 없어지는 현상이니 너무 걱정하지 마시라고 말씀드리고 싶습니다.

2,000여 년 전 메소포타미아 유적지 돌에 새겨진 설형문자를 해독해 보니

"요즈음 젊은이들 큰일이다."라는 글귀였답니다.

# 여성의 언어, 외교관의 언어

여성의 언어를 심리학적으로 접근해 보기로 합시다.

어떤 남성이 여성에게 구혼을 했을 때
"No!"라는 답을 듣고 포기했다면, 평생 장가가기는 틀린 사람입니다.

여성의 No는 Maybe라는 뜻입니다.

여성이 Maybe라고 한다면, 그것이 바로 Yes입니다.

만일 여성이 처음 만난 남성에게 Yes라고 한다면, 그 여성은 문제가 있는 사람입니다.


외교관의 경우에는 반대입니다.

외교관이 Yes라고 한다면 이건 Maybe입니다.

외교관이 Maybe라고 한다면 이건 No입니다.

만일 외교관이 No라고 한다면, 그는 외교관 자격이 없는 사람입니다.

# 05
## 이등인생

인생은 출발점도 골인 지점도 없는 평생 달리는 마라톤입니다.

천천히 달리십시오. 그래야 풍광을 만끽할 수 있습니다. 옆의 친구도 보이고, 집에 있는 아내도 보입니다. 노숙자도 보이고, 쪽 방촌 사람들도 보입니다. 그래야 세계도 보이고, 우주도 보입니다.

최고가 돼야 한다는 생각 때문에 옆도 보지 않고 뒤도 보지 않고 달려왔던 내 인생! 이등이면 어떠냐는 생각 가지고, 친구도 챙 기고 마누라도 챙기는, 멋진 남자 되어 봅시다.


넥타이를 풀고 가슴을 쫙 펴고, 심호흡하고 천천히 걸어도 걱정 없는 이등인생!

머리에 띠 두르고, 노래를 부르고, 몸 가는 대로 춤을 추어도, 걱정 없는 이등인생!

이등이면 어떠냐는 생각 가지고, 친구도 챙기고, 마누라도 챙기 는, 멋진 남자 되어 봅시다.


제 취업앨범 〈칭찬하며 살아요〉 다음에 수록된 곡 '이등인생' 가

사였습니다.

돌발퀴즈!

깨에 소금을 넣으면 깨소금이지요.

그러면 깨에 설탕을 넣으면?

네~ 정답은 깨달음입니다.


공편자 안지현 박사의 논문 제목처럼

'아! 유머가 소통에 중요한 도구tool로구나!' 하고 깨닫는 부처가

되셨으면 합니다.

## 06

## 호저 딜레마

　가까운 사람끼리일수록 살을 부대끼며 살다 보면, 이런저런 일로 서로 부딪쳐 마음의 상처를 주기 십상입니다.

　우리가 흔히 말하듯 부부싸움은 전생의 원수와 만나서 그런 것이 아니라, 부대끼며 살다 보면 부딪힐 기회, 즉 부딪힐 확률이 높아지기 때문이지요. 가까이에서 지대한 관심을 갖다 보니 자기 잣대에 못 미치면 지적을 하게 되고, 이를 수긍하지 않으면 상대를 질타하게 되어, 심한 말로 상처를 주는 일이 생기게 되는 겁니다.

　이를 심리학적으로 '호저 딜레마'라고 하는데요. '호저'란 앞니가 단단하고 등과 꼬리에 가시가 돋친 동물이래요. '호저'끼리는 가까이 할수록 그 단단한 앞니와 등과 가시의 꼬리로 서로가 상대를 찌르게 된다는 이론이지요.

　우선 내가 상대를 너무 잘 안다고 생각하는 것 자체가 심각한 착각임을 깨달으셔야 합니다.

　유행가 가사에

"님이라는 글자에, 점 하나만 찍으면 남이 된다."고 했듯이, 미움이 싹트는 공간은 바로 마음입니다. 서로의 마음이 한 방향으로 나갈 때는 눈빛만 봐도 통하는 사이지만, 서로의 마음이 한 지점으로 향하다 보면 '호저'끼리 서로가 부딪혀 마음의 '마'의 점 하나가 떨어져 나가게 되어 미움이 생기게 되는 것이지요.

## 07

## 하쿠나 마타타!

세상사 너무 걱정하지 마십시오.

"하쿠나 마타타!"

만화영화 〈라이온 킹〉에 나오는 대사인데요, 아프리카 스와힐리어로 "걱정하지 마, 다 잘될 거야."라는 평상시 인사말이랍니다.

우리는 매사에 너무 걱정하며 살고 있습니다.

새가 내일 잡아먹을 벌레가 없으면 어쩌나… 전날 밤 걱정 때문에 잠을 설칩니까?

세상사는, 길게 보면 다~ 좋은 결과로 마무리되게 되어 있습니다.

어떤 일이 이루어지지 않는 것은, 더 좋은 일이 예비되어 있기 때문임을 믿으시기 바랍니다.

# 걱정도 은혜입니다

너무 째지게 가난하거나, 병약하거나, 남들만큼 못 배웠다면, 어찌 걱정이 안 되겠어요?

그렇지만 이 사람 이야기도 한번 들어보세요.

아흔넷의 나이로 운명한 일본의 세계적인 부호, 내셔날 창업자 '마쓰시다 고노스케' 회장은 생전에 종업원 13만 명에 570개의 계열사를 거느렸는데, 자신의 성공은 세 가지 하늘의 큰 은혜를 입고 태어났기 때문이라고 고백했습니다.

그는 가난 속에서 태어났기 때문에 부지런히 일하지 않고서는 살 수 없다는 진리를 깨달았고, 병약하게 태어났기 때문에 건강관리에 힘써 90대에도 30대의 건강을 유지할 수 있었으며, 초등학교 4학년 중퇴가 학력의 전부이기에 모든 사람을 스승으로 받들고 배워 교만하지 않고 오늘의 성공을 이루었다고 고백합니다.

$$E=mc^2$$

E=mc² 질량불변의 법칙은 물리학에서뿐만 아니라, 우리 인간 사에도 원용援用될 수 있는 이론입니다. 그러나 여기에는 조건이 있습니다.

잡아당겨 팽팽해졌던 고무줄을 놓아야 제자리로 돌아가듯, 안 좋은 일은 바로 잊어버리고, 평정심을 지녀야 합니다. 즉, 마음과 기운을 원위치에 다시 갖다 놓아야 자연의 법칙대로 좋은 방향으로 움직이게 되는 법입니다.

돌멩이 한쪽에 비딱하게 올려져 기울어져 있는 돌곽에는 억수로 비를 퍼부어도 하느님인들 채울 길이 없는 게지요.

복을 받으려면 마음 그릇을 비우고 반듯하게 놓으라는 말씀이에요.

이처럼 인과관계는 바로 질량불변의 법칙의 다른 표현이기도 합니다.

종소리가 멀리까지 퍼지는 것은 속이 비어 있기 때문이구요.

바람이 그물에 걸리지 않는 것은 형체가 없기 때문이구요.

햇빛 때문에 그림자가 생기는 것이고

언덕 때문에 골짜기가 생기는 것이고

사랑 때문에 미움이 생기는 것이고

불규칙한 식습관 때문에 변비가 생기는 것이고

거울은 비어 있기 때문에 사물을 비출 수 있는 것입니다.

# 장광팔 소개 만담

Oh, ladies and gentlemen Wonderful!

자기소개 만담에 생뚱맞게 웬 영어인사인가 의아해하는 분들이 계신데, 원더풀이란 사실은 우리말입니다. 원더풀이란 이 책을 읽은 독자들께서 지금 원하시는 것도 더 잘 풀리시라고 원더풀!

여러분 1950~60년대 우리 모두가 어려웠던 시절, 국민들에게 웃음과 해학으로 꿈과 희망을 심어주었던 국민만담가 장소팔, 고춘자 선생님 아시죠?

전설적인 국민만담가 장소팔 선생이 제 동생의~ 어머니의~ 남편 되십니다.

아버지는 할아버지가 장에 소 팔러 갔을 때 태어났다 해서, 장~소~팔!

할아버지는 중팔, 증조부는 대팔, 고조부는 사금팔,

저는요, 아버지가 장에서 고스톱 치다 광 팔 때 태어났다 해서 광팔, 장~광~팔입니다.

저를 처음 보시는 분도 제가 장소팔 선생과 얼굴도 똑같고 목소리도 똑같고, 키도 자그마하니 붕어빵이라고들 하시는데, 모르시는 말씀! 키가 자그마하다는 것은 인간이 땅에서 재니까 내가 작아 보이는 것이지, 하느님께서 하늘에서 재시면 제가 제일 큽니다.

그런데 장소팔 선생과 고춘자 선생이 부부인가~ 궁금해하시는 분들이 많~이 계신데, 그건 저도 정확~히는 잘 몰라요.
어쨌든 두 분이 같이 자는 건 본 일이 없습니다.

저희 어머니 함자는 배춘자입니다. 왜 배춘자냐?
고춘자 선생보다 몸무게가 배는 더 나가서 배춘자입니다.
작은아버지 장영철, 조카 장미란 선수처럼 전 세계를 뒤집으신 분입니다.
어떻게 전세계를 뒤집으셨느냐?
출출하신 아버님 안주하시라고 고추전, 가지전, 조개전, 이렇게 전 세 개를 뒤집으셨다~ 이 말씀이야.

제 어머니가 사실은 미스코리아 출신입니다.
몇 년도 어디 미스코리아 출신이냐?
단기 4288년 쌍팔년도 가리봉동 동사무소가 뽑은 미스 가리봉동 미 배춘자입니다.
원래는 가리봉동 미스 선이었는데, 심사 후 쌍꺼풀 수술한 게 들통 나는 바람에 가리봉동 미스 미로 강등되었습니다.


집안 소개하는 김에 제 조상님 중 유명하신 분 두 분만 더 소개하겠습니다.

저의 20대조 할아버지께서는 초대 독도 도지사를 지내신 장사팔 어르신입니다.

독도에 도지사가 어디 있느냐구요?

없으면 말구, 행정구역 개편되면서 없어졌나보지 뭘 그래?


그런데 독도 이야기가 나와서 말인데, 일본 사람들은 왜 독도가 자기네 땅이라고 박박 우기는 줄 아세요?

일본에서는 독도를 죽도竹島, 즉 다케시마라고 하는데, 일본의 가나는 글을 우측에서 좌측으로 거꾸로 읽죠? 다케시마를 거꾸로 읽으니까 마시케타!

독도가 '맛있는 줄' 알고 자꾸 자기네 땅이라고 우기는 겁니다.


또 이분 말고도 조선조 숙종대왕 때 미스 조선 진 장희빈이 저의 10대조 할머니 되십니다. 여러분들도 연속극을 통해 장희빈이 사약 마시는 장면을 보셨을 겁니다.

임금이 사약을 내린다고 고분고분 마실 장희빈이 아니지요.

"그냥은 못 마신다. 사랑하는 여인에게 사약을 내리시면서 애틋한 편지 한 장 없으시다더냐?" 하며 질책을 하니, 내관이 쪼르르

달려나와

"그렇지 않아도 마마, 대왕마마께서 사약사발 잔 밑에 뭐라고 어필을 남기셨습니다."

하고 고하자,

"그러면 그렇지! 어디 뭐라고 쓰여 있는지 보자!"

하시며 사약 사발 잔 밑을 들여다보니, 과연 숙종대왕의 어필御筆이 쓰여 있었습니다.

뭐라고 쓰여 있었느냐?


"원샷!"

## 낙하산과 얼굴은 펴져야 삽니다

낙하산이 안 펴지는 것보다 더 위험한 일이, 얼굴이 안 펴지는 것입니다.

'하이데거'의 표현을 빌리자면 "인간은 자기 의지와 상관없이 낙하산같이 신神으로부터 하늘에서 내던져진 피투체被投體"입니다.

여덟 줄 낙하산이 펴져야 살듯, 팔자八字주름이 펴져야 팔자八字가 핍니다.

누구나 웃는 얼굴을 좋아합니다. 인상을 찌푸리면 가족도 회피합니다.

구겨진 얼굴로는 세상만사 소통이 될 리 없습니다.

그러니 혹시 구기자나 우거지탕을 드신 다음에는, 얼른 피자를 드십시오.

이 세상에서 가장 인색한 사람은 돈을 아끼는 사람이 아니라, 웃음을 아끼는 사람입니다.

웃을 일이 있어야 웃지 않느냐구요?

천만에 말씀. 행복해서 웃는 것이 아니라, 웃다 보면 행복해지고, 또 행복한 일이 생깁니다.

어느 면을 보느냐 관점의 차이지요.

잘못됐다고 생각되는 일 때문에, 너무도 좋은 일이 생기는 경우가 얼마나 많은데요.

'내 힘들다'도 뒤집어 보면 '다들 힘내'가 되고, '자살'마저 뒤집어 보면 '살자'가 됩니다.

남모를 고민 덩어리가 있으시다구요?

아프리카의 다리가 없는 오지 마을 사람들은 계곡을 건널 때 급물살에 휩쓸려가지 않으려고, 아주 무거운 돌을 안고 건넌답니다.

생각해 보면 이 무거운 돌이란 누구나 남몰래 안고 있는 고민 덩어리라 하겠지요. 이런 고민 덩어리 하나쯤은 안고 살아야, 유혹에 휩쓸려 가지 않고, 내 갈 길을 제대로 갈 수 있는 겁니다. 세상천지에 근심·걱정 없는 사람이 어디 있습니까?

조금만 좋은 일이 생겨도 싱글벙글 웃고, 누가 조금만 우스운

소리를 하더라도, 배꼽을 잡고 웃어 보십시오.

웃음은 인생이라는 거친 토스트에 바르는 잼입니다. 웃음은 근심·걱정을 녹여주는 사랑의 묘약입니다.

우리 몸에는 어떠한 병도 치유할 수 있는 모든 약을 구비한 약국이 있는데,

그것이 면역체계 물질인 트랜스퍼 팩터Transfer factor와도 같은 바로 웃음입니다.

암세포가 가장 징그러워하는 사람은 바로 웃는 사람이랍니다. 웃으면 도파민이라는 물질이 분비돼서 암세포를 잡는 세포가 왕성하게 생성되기 때문입니다. 실제 암환자의 경우, 코믹한 영상물을 계속 시청한 그룹은 유의미하게 생존기간이 늘었다는 외국의 임상 사례도 있습니다.

기회만 났다 하면 웃으십시오. 엔돌핀의 분비로 알파파 상태가 되어 기분이 상쾌해지고, 도파민의 분비로 암세포들이 번개탄을 펴놓고 자살을 시도하게 됩니다.

남을 웃길 수 있는 명품 유머 한 점點은, 파티에 나갈 때 넥타이를 고쳐 맨 다음 향수를 뿌리듯 마지막으로 챙겨야 할 필수품입니다.

웃으면 웃는 기운이, 웃을 기운이 몰려와 마술처럼, 기적처럼

행복한 일이 생깁니다.

　저는 이러한 현상을 비를 부르는 구름처럼 '행복을 부르는 웃음'이라고 부릅니다.

　구름씨를 퍼뜨리듯, 웃음씨를 퍼뜨리십시오.

　어느 구름에 비 내릴 줄 모릅니다.

　어느 웃음에 '행복의 비'가 내릴 줄 모릅니다.


　수박씨에는 이미 커다란 수박과 그 안에 한 입 베물면 줄~줄 단물이 쏟아지는 과즙이 들어 있고,

　공작새 알에는 이미 화려한 날갯짓을 하는 공작이 들어 있거든요.

　우리의 웃음 속에는 이미 행복이 그득 차 있습니다.


　그래~서!

　낙하산과 얼굴은 펴져야 삽니다.

**권선복**
도서출판 행복에너지 대표이사

## 세상을 행복으로 이끄는 '유머의 힘'

세상살이가 힘겨워져 웃을 일이 점점 줄어드는 까닭인지 21세기 들어 '유머'도 하나의 능력으로 인정받고 있습니다. 개인의 삶은 물론 조직 사회 내부에서도 유머는 소중한 활력소가 되었습니다. 지난날 '리더'라 하면 카리스마와 강인함을 먼저 떠올렸지만 요즘은 부드러운 포용력이 각광을 받는 추세이며 이에 따라 유머는 리더의 자질 중 하나가 되었습니다.

'청와대에 유머담당관을 許하라'라는 독특한 부제를 달고 있는 이 책은 단순한 유머 모음집이 아닌, 유머를 주제로 한 자기계발서로 보는 것이 더 옳을 듯합니다. 유머에 대한 전문적인 연구 등을 인용하여 내용의 신뢰성을 높였고 저자의 경험을 자연스럽게 녹아들게 하여 독자들에게 친근하게 다가옵니다. 시의적절한 때에 좋은 원고를 받아『소통의 유머 리더십』을 출간하게 되어 더욱 기쁩니다.

이제는 유머도 스킬입니다. 자신의 노력 여하에 따라 그 누구든지 유머전문가가 될 수 있습니다. 웃을 일 없는 이 세상에서, 유머의 달인이 되고 유머를 통해 리더십을 쌓고 웃음꽃 만발한 곳으로 세상을 이끌어 볼 생각은 없으신가요?『소통의 유머 리더십』책과 함께 대한민국 방방곡곡에 행복에너지 전파하는 위풍당당한 독자가 되어 하루하루를 기쁨충만한 삶으로 승화시키시길 기원드립니다.

**Happy Energy books**  좋은 **원고**나 **출판 기획**이 있으신 분은 언제든지 **행복에너지**의 문을 두드려 주시기 바랍니다.

ksbdata@hanmail.net   www.happybook.or.kr   단체구입문의 ☎ 010-3267-6277   도서출판 **행복에너지**

하루 5분 나를 바꾸는 긍정훈련

# 행복에너지

'긍정훈련'당신의 삶을
행복으로 인도할
최고의, 최후의'멘토'

'행복에너지
권선복 대표이사'가 전하는
행복과 긍정의 에너지,
그 삶의 이야기!

**인터파크**
자기계발 분야 주간
**베스트 1위**

권선복 지음 | 15,000원

**권선복**

도서출판 행복에너지 대표
지에스데이타(주) 대표이사
대통령직속 지역발전위원회
문화복지 전문위원
새마을문고 서울시 강서구 회장
전) 팔팔컴퓨터 전산학원장
전) 강서구의회(도시건설위원장)
아주대학교 공공정책대학원 졸업
충남 논산 출생

책 『하루 5분, 나를 바꾸는 긍정훈련 - 행복에너지』는 '긍정훈련' 과정을 통해 삶을 업
그레이드하고 행복을 찾아 나설 것을 독자에게 독려한다.
긍정훈련 과정은 [예행연습] [워밍업] [실전] [강화] [숨고르기] [마무리] 등 총
6단계로 나뉘어 각 단계별 사례를 바탕으로 독자 스스로가 느끼고 배운 것을 직접
실천할 수 있게 하는 데 그 목적을 두고 있다.
그동안 우리가 숱하게 '긍정하는 방법'에 대해 배워왔으면서도 정작 삶에 적용시키
지 못했던 것은, 머리로만 이해하고 실천으로는 옮기지 않았기 때문이다. 이제
삶을 행복하고 아름답게 가꿀 긍정과의 여정, 그 시작을 책과 함께해 보자.

## 『하루 5분, 나를 바꾸는 긍정훈련 - 행복에너지』

**"좋은 책을
만들어드립니다"**

저자의 의도 최대한 반영!
전문 인력의 축적된 노하우를
통한 제작!
다양한 마케팅 및 광고 지원!

최초 기획부터 출간에 이르기까지, 보도
자료 배포부터 판매 유통까지! 확실히
책임져 드리고 있습니다. 좋은 원고나
기획이 있으신 분, 블로그나 카페에 좋은
글이 있는 분들은 언제든지 도서출판
행복에너지의 문을 두드려 주십시오!
좋은 책을 만들어 드리겠습니다.

| 출간도서종류 |
| 시·수필·소설·자기계발·
일반실용서·인문교양서·평전·칼
여행기·회고록·교본 ·경제·경영 |

도서출판 **행복에너지**
www.happybook.or.kr
☎ 010-3267-6277
e-mail. ksbdata@daum.net

### 소리(전 8권)

**정상래 지음 ㅣ 각 권 13,500원**

쏟아져 나오는 책은 많지만 읽을거리가 없다고 탄식하는 독자들이 많다. 그렇다면 근대 한국사에 담긴 우리 한恨의 정서에 관심이 있다면, 대하소설의 참맛에 대해 잘 알고 있다면, 정말 제대로 된 작품을 읽어볼 요량이라면 이 소설은 독자를 위한 더할 나위 없는 선물이자 생을 관통할 화두가 되어 줄 것이다.

### 조영탁의 행복한 경영이야기 세트(전 10권)

**조영탁 지음 ㅣ 각 권 15,000원**

행복한 성공을 위한 7가지 가치, 그 모든 이야기를 담은 『조영탁의 행복한 경영이야기』 전집은 자신은 물론 타인의 삶까지 행복으로 이끄는 '행복 CEO'가 되는 길을 제시한다. 다양한 분야에서 칭송을 받아온 인물들의 저서에서 핵심 구절만을 선별하여 담았다. 저자는 이를 '촌철활인寸鐵活人(한 치의 혀로 사람을 살린다)'으로 재해석하여 현대인이 지향해야 할 삶의 태도와 마음에 꼭 새겨야 할 가치를 제시한다.

### 명세지재들과 함께한 여정

**강 형(康洞) 지음 ㅣ 432쪽 ㅣ 값 25,000원**

이 책은 평생을 교육자로 살아온 강형 교수의 회고록이다. 1부는 오직 교육자의 길만을 걸어온 저자의 지난날의 대한 회상을 중심으로, 제자들과 함께한 그 열정의 여정에 대해 이야기한다. 2부는 저자에게 가르침을 받은 명세지재들의 옥고(玉稿)를 담고 있다. 이 책은 진정한 교육자의 길은 무엇인지 알려주고 대한민국 교육계의 미래를 위해 우리가 해야 할 일은 무엇인지에 대해 명쾌히 전하고 있다.

### 공부의 모든 것

**방용찬 지음 ㅣ 서한샘 추천감수 ㅣ 304쪽 ㅣ 15,000원**

30년 동안 유수의 명문 학원에서 강사와 원장으로 활동하며, 학원 교육 분야에서 일가를 이뤄온 방용찬 원장의 책 『공부의 모든 것』은 학생들이 자신의 공부법에 대한 문제점을 객관적으로 진단할 수 있도록 구성되어 있다. 교육을 매개로 저자와 한 가족과 다름없는 친분을 맺어온 학원가의 대부, 한샘학원 설립자 서한샘 박사의 감수와 적극적인 추천은 그 신뢰성을 더한다.

## 한설

### 장한성 지음 | 372쪽 | 값 15,000원

시대를 대표하는 문인 '김승옥 소설가'가 추천하는, 장한성 공인회계사의 첫 소설! 한 번도 전문적으로 글을 배운 적 없는 저자가 백 일 만에 써낸 작품이라고는 믿기지 않을 만큼 거침없는 전개로 독자의 시선을 사로잡는다.
"한 시대를 살아온 청년들의 고뇌와 사랑을 담았다는 것만으로도 가치 있는 소설이다." - 김승옥(소설가)

## 이것을 알면 부자된다

### 이정암 지음 | 416쪽 | 값 25,000원

풍수대가 '운정도인 이정암'이 전하는, 학문에 근거한 '부자 되는 비결'을 담은 『이것을 알면 부자 된다』는 일상생활 중 아파트, 주택, 일터, 사무실 등에서 출입문과 침실, 주방, 책상의 각 방위가 상생하는지 여부와 본인의 명궁을 비교하여 생기복덕궁을 통한 왕기로써 부자가 되는 비법을 전한다. 경영자는 물론 일반인도 부자의 꿈을 실현할 수 있는 방안을 제시한다.

## 결국 그들은 당신을 따른다

### 정태영 지음 | 316쪽 | 값 15,000원

극심한 경쟁 속에서도 우뚝 서고 탁월하게 빛나는 '브릴리언트 리더'가 되고 싶은가. 21세기 리더가 갖춰야 할 덕목이 무엇인지, 앞으로 무엇을 해야 하는지 궁금한가. 그렇다면 이 책에 담긴 '심리경영 핵심스킬 34가지'를 확인하고 학습해 보자. 상하 모두에게 인정을 받는, 능력 있는 리더로 거듭나는 자신을 발견할 수 있을 것이다.

## 학교가는 공무원

### 김영석 지음 | 304쪽 | 15,000원

『학교가는 공무원』은 교육행정공무원으로서 사명을 다해 온 저자가 현직 공무원의 열정과 철학을 담은 책이다. 인생역정을 에세이 형식으로 풀어나가는 초반부를 통해 자신의 교육관, 직업관, 인생관이 어떠한 과정을 통해 형성되었는지를 설득력 있게 제시하고 이를 통해 교육행정공무원으로서의 올바른 표상이 무엇인가를 보여준다.

## 사랑하는 나의 어머니

**정진우 지음 | 344쪽 | 값 15,000원**

101세의 일기로 떠나보낸 어머니와의 평생, 그 눈물겨우면서도 감동적인 여정! 가정의 달 5월을 맞아, 그 이름 부르기만 해도 마음이 편해지고 힘든 이 세상에서 편히 쉬기 하는 삶을 유일한 안식처 '어머니'를 노래하다! 서울대 의과대학을 졸업하고 현재 뉴욕에서 비뇨기과를 운영하고 있는 저자의 첫 에세이로, 독자의 마음에 잔잔하게 퍼지는 온기를 전할 것이다.

## 33인의 명강사 스타강사

**서필환 외 32인 공저 | 364쪽 | 값 18,000원**

시대를 대표하는 문인 '김승옥 소설가'가 추천하는, 장한성 공인회계사의 첫 소설! 한 번도 전문적으로 글을 배운 적 없는 저자가 한 달 만에 써낸 첫 소설이라고 믿기지 않을 만큼 거침없는 전개로 독자의 시선을 사로잡는다! 한 시대를 살아온 청년들의 고뇌와 사랑을 담았다는 것만으로도 가치 있는 소설이다.

## 마음이 아름다우니 세상이 아름다워라

**이 채 지음 | 224쪽 | 값 13,500원**

저자는 이 시집에서 우리가 늘 살아가고 있는 이 세상을 노래하였다. 우리는 늘 세상을 긍정적으로 바라보고 타인을 존귀하게 대해야 한다고 배우지만 힘겨운 세상살이 속에서 말만큼 쉽게 되는 일은 아니다. 이채 시인은 바로 의미를 깨달을 수 있는 쉬운 문장들을 독자에 마음에 점자처럼 펼침으로써 읽은 이 스스로가 마음을 매만지게 한다.

## 진짜사나이는 웃으면서 군대간다

**박양근 지음 | 240쪽 | 값 13,800원**

군대 얘기만 나오면 좌절하고 겁부터 먹는 젊은이들. 하지만 그런 나약한 정신과 태도로는 한평생을 살며 아무것도 이룰 수 없다. 이 책은 군 입대를 앞둔 젊은이들이 어떤 태도를 가지고 군대에 가야 하는지, 군대에서는 무엇을 어떻게 해야 하는지, 또 제대할 때는 무엇을 얻어 전역해야 하는지를 도와줄 것이다.

## 공자가 살아야 인류가 산다

### 공한수 지음 | 368쪽 | 19,000원

책 『공자가 살아야 인류가 산다』는 동서고금을 막론한 인류 최고의 스승 '공자孔子'의
사상을 통해 인간으로서의 의무이자 존재의 증명이라 할 수 있는 '평생학습'의 중요
성을 강조하는 '인문서'이다. 정치, 경제, 문화와 관련된 다양한 사례들을 적재적소에
제시하여 신뢰성을 높인 '철학서'이자 '자기계발서'이다.

## 자시와 축시 사이

### 최우진 지음 | 156쪽 | 10,000원

시집 『자시와 축시 사이』는 '연애, 인생, 존재, 믿음'이라는 네 가지 주제를 바탕으로,
소소한 일상에서 비롯되는 삶의 웅숭깊은 깨달음을 전한다. 저자 자신이면서 동시
에 타자他者인 듯한 교차적 시각을 통해 우리의 삶 내내 끊임없이 맞물리는 인간과
인간, 사물과 인간 사이의 현상을 아름답게 그려 낸다.

## 꿈을 심는 희망의 새 길

### 나용찬 지음 | 256쪽 | 10,000원

"애국자가 따로 있는 것은 아니다. 자신의 자리에서 맡은 책임을 다하고, 고향을 사
랑하며, 타인을 위해 자신을 희생하는 것만으로도 누구나 애국자가 될 수 있다."라는
저자의 목소리가 경제위기와 계층갈등으로 신음하는 대한민국 사회가 무엇을 지향
하고 어떠한 방향으로 나아가야 할지를 명쾌하게 짚고 있다.

## 나도 힘들고 아프고 고통스러웠다

### 최영미 외 24인 지음 | 244쪽 | 15,000원

서울 신림동 아름다운교회는 각종 고시에 합격하는 청년들이 많은 교회로 알려졌다.
이미 고시에 합격한 청년들의 간증을 엮어 책을 출간하여 많은 주목을 받은 바 있다.
아름다운교회가 두 번째로 출간하는 이 책은 일반 장년 성도들의 간증을 엮은 책으
로, 삶 속에서 경험한 은혜의 경험을 웅숭깊게 그려 낸다.